电动汽车维修
快速入门 一本通

周晓飞 主编

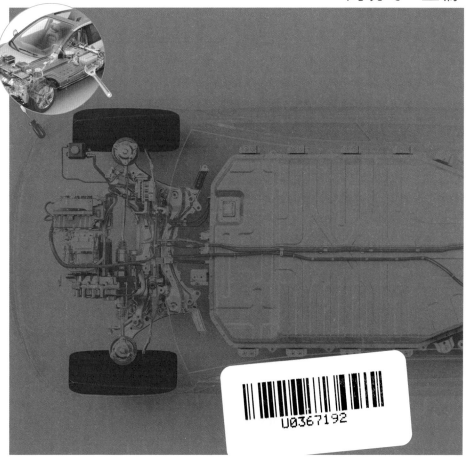

化学工业出版社

·北京·

内容简介

《电动汽车维修快速入门一本通》主要针对电动汽车维修技术入门人员，以"用图说话"的方式，采用大量精美的彩色图片，同时配以浅显易懂、形象生动的语言文字进行讲解。从熟悉汽修职业讲起，然后走进车间接触电动汽车维修作业，再到留在车间学习电动汽车维修技术，最后扎根车间成就"汽修工匠"，循序渐进地进行介绍，引导读者快速入门。

此外，本书采用新颖的"纸电同步"技术，配套同步电子书。对于较复杂的内容，还专门配备了"微视频讲解"，扫描书中相应章节的二维码即可观看。纸书、视频和电子书有机结合，互相取长补短，有利于读者快速理解和高效掌握所学知识点。

本书适合新能源汽车和电动汽车维修技术入门人员使用，也可作为职业技术院校汽车相关专业以及各类汽车维修企业培训机构的教学参考用书。

图书在版编目（CIP）数据

电动汽车维修快速入门一本通 / 周晓飞主编. —北京：化学工业出版社，2022.7（2024.6重印）
ISBN 978-7-122-41100-6

Ⅰ. ①电… Ⅱ. ①周… Ⅲ. ①电动汽车 - 车辆修理
Ⅳ. ① U469.720.7

中国版本图书馆 CIP 数据核字（2022）第 052134 号

责任编辑：黄　滢　张燕文　　　　　　装帧设计：王晓宇
责任校对：王　静

出版发行：化学工业出版社（北京市东城区青年湖南街13号　邮政编码100011）
印　　装：北京天宇星印刷厂
710mm×1000mm　1/16　印张15　字数310千字　2024年6月北京第1版第2次印刷

购书咨询：010-64518888　　　　　售后服务：010-64518899
网　　址：http://www.cip.com.cn

定　　价：79.80元　　　　　　　　　　　　　版权所有　违者必究

前 言

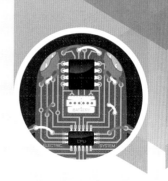

PREFACE

本书主要针对零起点入门读者，介绍电动汽车维修相关知识和技能。

全书按照"熟悉汽修职业→走进车间→留在车间→扎根车间→不断充电"的顺序，循序渐进地进行介绍；从了解电动汽车维修，到学习电动汽车维修，最后成就"汽修工匠"，手把手、一步步地引导读者快速入门。

可以说，本书是一本电动汽车维修入门的普及读物。内容主要以电动汽车的电源、电机、电控系统为重点进行介绍，涵盖电动汽车的结构原理、维护保养、拆装维修、故障检测诊断以及电动汽车的智能化、电动化控制基础和检测设备的使用等。全书主要以"用图说话"的方式，采用大量精美的彩色图片，同时配以浅显易懂、形象生动的语言文字进行讲解，力求做到以"图"代"解"、以"解"说"图"，相信即使没有学过专业制图的人员也能看懂。

此外，本书采用化学工业出版社独家"纸电同步"技术，超值赠送全套同步电子书。读者可在纸书上做标记、划重点，利用电子书在线学习。对于较复杂的操作内容，书中还专门配备了"微视频讲解"，以二维码的形式呈现，读者学习时只需用手机扫描书中相应章节的二维码，即可观看。纸书、视频和电子书有机结合，互相取长补短，学习效率事半功倍。

本书由汽车维修行业具有多年维修经验的专家团队编写而成，周晓飞任主编，参加编写的还有赵朋、李新亮、李飞霞、董小龙、王立飞、温云、彭飞。编写过程中参考了部分技术文献、图书、多媒体资料及原车维修手册，同时也汇集了众多业内维修高手的经验，在此一并表示衷心的感谢！

由于笔者水平有限，书中不妥之处在所难免，敬请广大读者批评指正。

编者

目录

CONTENTS

第三章

留在车间——学习电动汽车维修

第四章

扎根车间——成就"汽修工匠"

第五章
不断"充电"——巩固电动汽车维修技能

参考文献

本书配套视频清单

序号	视频内容	页码
1	混合动力汽车	10
2	串联式混合动力特点	13
3	并联式混合动力特点	15
4	纯电动汽车核心	20
5	驱动电机类型	21
6	充电系统	23
7	氢燃料电动汽车	26
8	电动汽车安全操作	39
9	高压线束	45
10	电池管理系统	50
11	动力电池水冷	55
12	减速器	57
13	驱动电机结构	67
14	电动汽车电源	91
15	旋变信号	135
16	车域控制	162
17	自适应能量回收利用的再生策略	164
18	高压漏电检测	185
19	高压互锁作用	187
20	集成电源系统	216

第一章

熟悉汽修职业
——造就"汽修工匠"

一、汽车维修工程师

这里所说的工程师领域的"汽修工"是指国家职业资格里机动车检测维修专业技术人员中的机动车检测维修士、机动车检测维修工程师、机动车检测维修高级工程师（目前未开考）三个级别，是原中华人民共和国交通部和原中华人民共和国人事部于2006年开始实施的一项职业资格，这既真正实现了一线汽车维修工也能当上工程师，也是目前国家保留的为数不多的水平评价类专业技术资格之一。

1. 专业设置

机动车检测维修专业技术人员职业水平考试分为机动车机电维修技术、机动车整形技术和机动车检测评估与运用技术 3 个专业。

从事机动车检测维修及相关业务工作的专业技术人员，报名参加考试时，应根据本人所从事的专业技术岗位选择其中一个专业。例如，在汽车维修中从事技术总监岗位，就可以报考机动车机电维修技术工程师。

2. 对应职务

取得机动车检测维修工职业水平证书，可聘任技术员、助理工程师职务，也就是俗称的初级职称；取得机动车检测维修工程师职业水平证书，可聘任工程师职务，也就是俗称的中级职称。以后，机动车检测维修高级工程师开考后，取得该级别证书，还可聘任高级工程师职务。

3. 职业资格标识

职业资格标识形式是参照美国国家优秀汽车维修学会"优秀汽车维修"（ASE）制度中的"优秀蓝印"标识设置的从业人员佩戴的臂章，以及用于维修企业展示公示牌。

二、汽车维修工

"汽车维修工"是现行的《国家职业技能标准》的标准职业名称，已经不再称"汽车修理工"。职业划分也从以前的"生产制造及有关人员"调整到"社会生产服务和生活服务人员"行列。2019年12月30日，国务院常务会议决定分步取消水平评价类技能人员职业资格，推行社会化职业技能等级认定。就此，汽车维修国家职业资格证书又转变为职业技能等级证书。

职业技能等级（证书）依然分为五级，即初级技能（五级）、中级技能（四级）、高级技能（三级）、技师（二级）、高级技师（一级）；七个工种，即汽车机械维修工、汽车电维修工、汽车玻璃维修工、汽车美容装潢工、汽车车身整形修复工、汽车车身涂装修复工、汽车维修检验工（汽车检测工）。

维修电动汽车另外需要持国家应急管理行政部门颁发的低压电工作业证（图 1-1）。该项是《国家职业目录（2021 版）》中仅保留的 13 项准入类技能人员职业资格之一。

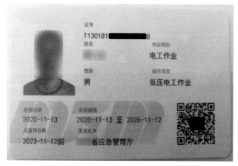

图 1-1　低压电工作业证

第二节　了解电动汽车维修的工作内容

一、电动汽车与传统汽车重叠维修的内容

1. 基础方面

（1）一般性常识

❶ 汽车常用材料。

❷ 汽车常用金属和非金属材料的种类、性能及应用。

❸ 燃料的标号、性能及应用。

❹ 润滑油、润滑脂的规格、性能及应用。

❺ 汽车常用工作液的规格、性能及应用。

❻ 汽车轮胎的分类、规格及应用。

❼ 紧固件的种类与代号。

（2）电工与电子基本知识

❶ 电路基础知识（直流电路、交流电路）。

❷ 电路基本元件的名称与代号。

❸ 电子电路基础知识。

❹ 常见电子元件的名称与代号。

（3）液压传动

❶ 液压传动基本知识。

❷ 液压传动在汽车上的应用。

（4）汽车维修常用工量具、仪器仪表和维修设备　汽车维修常用工量具、仪器仪表、维修设备的种类和功能及其选择与使用。

（5）汽车构造原理　汽车构造原理以及其他所涉及的汽车专业基础知识。

2. 专业技能

汽车维修专业技能的工作内容有发动机维护；底盘维护；发动机和底盘技术参数检测，以及故障诊断和排除；汽车电气检修以及电路图应用，电气系统故障诊断和排除；车身零部件拆卸和安装等。

二、电动汽车维修的内容

电动汽车维修的内容主要体现在电动化系统。

（1）整车绝缘　检查整车绝缘电阻监测系统有无报警，如存在异常情况，熟练

进行检查、诊断和维修。

（2）仪表和信号指示装置

❶ 检查仪表外观及指示功能，仪表应完好有效，指示功能应正常。

❷ 检查信号指示装置，信号指示应无异常声光报警和故障提醒。

❸ 检查电池荷电状态（SOC）示值或参考续驶里程示值情况，示值应符合车辆维修手册的规定。

（3）电动化系统　检查驱动电机系统运行工作状况，运行应平稳，且无异常振动和噪声，如存在异常情况，应熟练进行检测、诊断和维修。

对动力电池系统及其冷却系统、高压配电系统、高压维修开关、车载充电机、电源变换器、电动空气压缩机等电气化系统，熟练进行检测、诊断和维修。

第三节　合格汽车维修工应具备的素养

1. 健康要求

具有一般智力水平、表达能力、动作协调性和空间感；手指和手臂灵活性好；有一定的计算能力。从事车身涂装修复的人员应具有正常色觉。

2. 受教育水平

汽车维修工最低受教育水平为初中毕业，或相当文化程度。

3. 职业道德

首先要热爱汽车维修这个行业，钻研技术自然是分内之事。要严格执行工艺文件和厂家维修手册要求，要有很强的质量意识。也一定要有安全意识（比如车间维修现场安全和清洁），毕竟是整天在车间和机器打交道，修电动汽车还要和高压电打交道，所以丝毫不能含糊。同时要有环保意识，不要将废机油等废弃物乱丢。

第二章

走进车间
——了解电动汽车维修

一、安全工装

纯电动汽车上的用电设备分低压用电部件与高压用电部件。低压用电部件包括仪表、音响、灯光、喇叭和鼓风机等；高压用电部件包括驱动电机、电机控制器、电池包、高压配电箱、充电机/直流转换器、空调压缩机、电池换热器、水加热器等。高压用电部件上贴有橙黄色警告标签，注意警告标签上的内容要求，操作时必须穿戴绝缘护具。

使用绝缘防护用品前必须进行检查，保证其无破损、漏孔等，内外表面清洁、干燥，不能带水进行操作，确保安全。维修人员操作前必须穿戴好绝缘级别为 5kV 的绝缘防护服、绝缘级别为 10kV 的绝缘胶鞋、绝缘级别为 10kV 的绝缘帽、绝缘级别为 1kV 的绝缘手套以及防护眼镜（图 2-1～图 2-3）。

绝缘手套要根据工作情况选择相应的防高压电工手套或防电池电解液酸碱性手套，使用前要具体按照以下方法检查。

图 2-1 防护眼镜   图 2-2 绝缘胶鞋

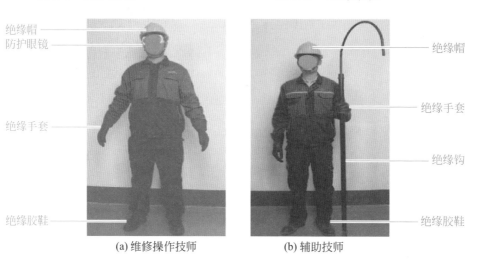

绝缘帽
防护眼镜
绝缘手套
绝缘胶鞋

绝缘帽
绝缘手套
绝缘钩
绝缘胶鞋

(a) 维修操作技师   (b) 辅助技师

图 2-3 绝缘护具

❶ 目视检查绝缘手套的整个外表面，以确保它们没有损坏。

❷ 打开绝缘手套的袖带，并向其中注入空气。

❸ 折叠袖带并将其卷起至手套的手腕部位，以防止空气泄漏（图 2-4）。

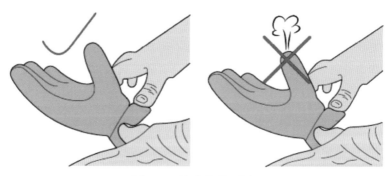

图 2-4 检查绝缘手套

❹ 折叠卷起的袖带以密封空气。

❺ 确保绝缘手套没有漏气。

二、绝缘工具

使用绝缘工具前必须进行检查，保证其无破损、破洞和裂纹，内外表面清洁、干燥，不能带水进行操作，确保安全。操作时，在维修区域垫上绝缘级别为1kV的绝缘胶垫。维修人员对带电部件进行操作时，必须使用绝缘工具，包括绝缘工具套装（图2-5）、兆欧表、放电工装、内阻测试仪、万用表、故障诊断仪等专业工具和设备，同时应该配备如图2-3所示的绝缘级别为30kV的绝缘钩。检修动力电池和电控元件时，必须使用带绝缘垫的专业工作台。

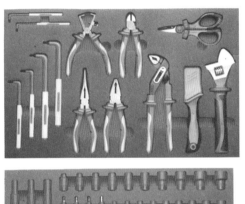
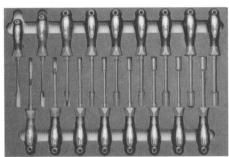
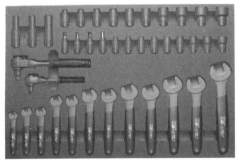

图 2-5 绝缘工具套装

三、安全维修工位

电动汽车维修工位如图2-6所示。

❶ 维修场地需要设置高压警示牌，拉起高压警戒线，以警示相关人员，避免发生安全事故。同时配备专用维修工位接地线，在维修高压设备前，将车身用搭铁线连接到电动汽车专用维修工位的接地线上。

❷ 安装专用的220V/50Hz/16A交流电路和电源插座。如果给电动汽车充电时没有使用专用线路，可能影响线路上其他设备的正常工作。

❸ 维修场地应通风良好、无易燃易爆物品，地面平整，场地较开阔，同时必须配备适当型号的灭火器或消防设备。

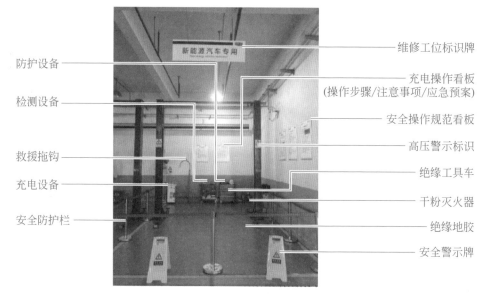

防护设备

检测设备

救援拖钩

充电设备

安全防护栏

维修工位标识牌

充电操作看板
(操作步骤/注意事项/应急预案)

安全操作规范看板

高压警示标识

绝缘工具车

干粉灭火器

绝缘地胶

安全警示牌

图 2-6　电动汽车维修工位

第二节　认识电动汽车

一、电动汽车主要类型

电动汽车（EV）包括纯电动汽车（BEV）、混合动力电动汽车（HEV）和燃料电池电动汽车（FCEV）。表 2-1 罗列了《电动汽车术语》（GB/T 19596—2017）中对电动汽车的定义。

表 2-1　电动汽车类型

术语	分类		定义	
纯电动汽车（BEV）	—	—	动能完全由电能提供的、由电机驱动的汽车。电机的驱动电能来源于车载可充电储能系统或其他能量储存装置	
混合动力电动汽车（HEV）	按照动力系统结构类型分类	串联式	驱动力只来源于电机的混合动力电动汽车	能够至少从下述两类车载储存装置的能量中获得动力的汽车：可消耗的燃料可再充电能/能量储存装置
		并联式	驱动力由电机及发动机同时或单独供给的混合动力电动汽车	
		混联式	同时具有串联式和并联式驱动方式的混合动力电动汽车	

续表

术语	分类		定义	
混合动力电动汽车（HEV）	按照外接充电能力分类	可外接充电式（OVC-HEV）	正常使用情况下可从非车载装置中获取电能量的混合动力电动汽车	插电式混合动力电动汽车（PHEV）属于此类型
		不可外接充电式（NOVC-HEV）	正常使用情况下从车载燃料中获取全部能量的混合动力电动汽车	
	按照行驶模式的选择方式分类	有手动选择功能	具备手动选择行驶模式功能的混合动力电动汽车。车辆可选择的行驶模式包括纯电模式、热机模式和混合动力模式	
		无手动选择功能	不具备手动选择行驶模式功能的混合动力电动汽车。车辆的行驶模式可根据不同工况自动切换	
	增程式电动汽车（RFFV）		一种在纯电模式下可以达到其所有的动力性能，而当车载可充电储能系统无法满足续航里程要求时，打开车载辅助供电装置为动力系统提供电能，以延长续航里程的电动汽车，且该车载辅助供电装置与驱动系统没有传动轴（带）等传动连接	
燃料电池电动汽车（FCEV）	燃料电池混合动力（FCHEV）		燃料电池混合动力电动汽车是以燃料电池系统与可充电储能系统作为混合动力源的电动汽车	以燃料电池系统作为单一动力源或者是以燃料电池系统与可充电储能系统作为混合动力源的电动汽车
	纯燃料电池（pure FCV）		纯燃料电池电动汽车是以燃料电池系统作为单一动力源的电动汽车	

二、认识混合动力汽车

混合动力汽车也是一种搭载发动机的新能源汽车。

新能源汽车与传统发动机汽车的最大区别在于动力源。乙醇或甲醇汽车是一种清洁型的能源汽车，其动力装置和传统的发动机一样，没有什么区别，但燃料从传统的汽油或柴油更换成了乙醇汽油或甲醇汽油。压缩天然气（CNG）汽车、液化天然气（LNG）汽车和液化石油气（LPD）汽车均为内燃机汽车，与传统的汽车发动机没有本质上的区别，区别在于发动机的燃料排放后的清洁环保，但这些新能源汽车在乘用车上并不是主流。理论上讲，这些新能源汽车都可以搭载电动机，成为以电驱动和新能源燃料驱动的混合动力汽车。但人们平常提到的混合动力汽车，一般指的是油电混合动力汽车。

1. 维修特点

混合动力汽车维修必须严格依规执行高压电安全操作规范，做好高压触电防护。维修前后，必须遵循高压断电和上电的操作步骤。在检修高压系统前，必须要进行整车高压系统的断电且按规范流程操作。

2. 结构特点

乘用车中的主流是油电混合动力汽车。从结构上来讲，油电混合动力汽车就是在传统的燃油汽车上同时搭载驱动电机，具有"双动力"特点。插电式混合动力汽车及其结构见图 2-7 和图 2-8。

扫一扫

视频讲解

图 2-7　插电式混合动力汽车

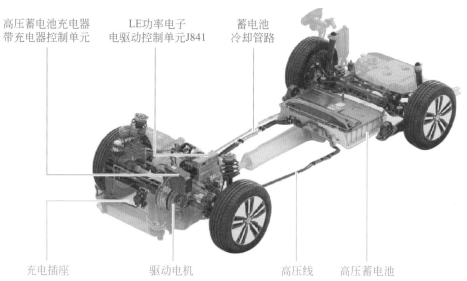

高压蓄电池充电器带充电器控制单元　　LE功率电子电驱动控制单元J841　　蓄电池冷却管路

充电插座　　驱动电机　　高压线　　高压蓄电池

图 2-8　插电式混合动力汽车结构

3. 按动力功率划分

根据所使用电机的功率可以将混合动力汽车分为三类：微混合动力汽车、部分混合动力汽车以及全混合动力汽车。

（1）微混合动力汽车　严格地讲，微混合动力汽车并不能算是混合动力汽车，因为它仅有一种驱动类型。微混合动力汽车描述的是初级混合动力汽车，采用了普通12V蓄电池技术的微混合动力汽车的电机功率为2～3kW。由于功率和电压较低，因此限制了制动和滑行阶段中能量回收利用的效率。将微混合动力汽车回收的电能提供给12V车载网络。

以发动机为主要动力源，电机作为辅助动力，具备制动能量回收功能的汽车称为混合动力电动汽车。电机的峰值功率和总功率的比值小于10%。仅具有停车怠速停机功能的汽车也可称为微混合动力电动汽车。

如图2-9所示，使用微混合动力驱动结构，电动部件（起动机/发电机）只是用来执行启动-停止功能。一部分动能在制动时又可作为电能使用（能量回收），不能以纯电动方式驱动车辆来行驶。

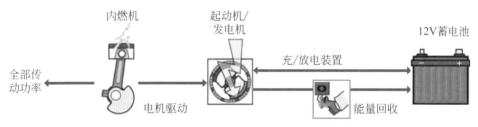

图 2-9　微混合动力汽车驱动

❶ 智能化发电机调节功能。智能化发电机调节的核心原理是扩展车辆蓄电池的充电策略。蓄电池电量不再完全充满，而是根据不同的环境条件（车外温度、蓄电池老化等）充到规定程度。与传统充电策略不同，现在仅在车辆滑行阶段进行充电过程。此时发电机在外部激励最大的状态下工作，并将所产生的电能储存在车辆蓄电池内。车辆加速阶段发电机不承受外部激励作用，因此不会为产生电能而消耗能量和燃油。

❷ 发动机节能启停功能。发动机节能启停功能是为了满足"节能减排"而采取的一项措施。该功能通过在车辆静止期间自动关闭发动机来降低耗油量。符合相应的接通条件时，发动机也会重新自动启动。

（2）部分混合动力汽车　部分混合动力汽车以发动机为主要动力源，电机作为辅助动力。部分混合动力系统中的电机可以在车辆起步和制动时为内燃机提供支持。在一些部分混合动力系统中，当高压蓄能器处于足够的充电状态且以约50km/h的速度匀速行驶时可以停止为内燃机提供燃油。此时仅使用电机驱动车辆，因此可以节省燃油。

维修提示

　　部分混合动力驱动在技术上和部件方面都与完全混合动力驱动是一样的，只是它不能以纯电动方式驱动车辆来行驶。

　　部分混合动力汽车的特点如下。

❶ 电机较小，用于为内燃机提供支持"助推"功能。

❷ 无法以纯电动方式行驶。

❸ 燃油消耗少，节能减排明显。

❹ 由于混合动力组件较小，因此重量和占用空间方面增加不多。

❺ 与标准动力总成相比制造成本较高，但是比全混合动力总成低。

　　（3）全混合动力汽车　全混合动力汽车以发动机或电机为动力源，电机可以独立驱动车辆正常行驶。

　　如图2-10所示，全混合动力汽车是将一台大功率电机与内燃机组合在一起，可以以纯电动方式来驱动车辆行驶。一旦条件许可，该电机会辅助内燃机进行工作。车辆缓慢行驶时，是纯粹通过电动方式来提供动力的。可以实现启动 - 停止功能，以及能量回收功能，用以给高压蓄电池充电。内燃机和电机之间有一个离合器，通过它可以断开这两个系统。内燃机只在需要时才接通工作。

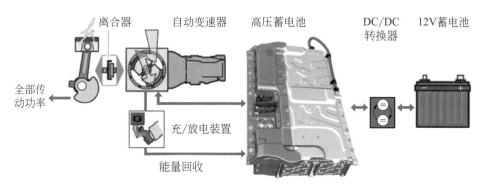

图 2-10　完全混合动力汽车驱动

　　完全混合动力汽车的特点如下。

❶ 强劲的电动动力总成，可以以纯电动方式行驶。

❷ 耗油量和排放量明显减少，特别是在城市交通中。

4. 按动力总成布置划分

　　按动力总成布置划分，全混合动力驱动有四种形式：串联式混合动力、并联式混合动力、混联式混合动力以及插电式混合动力。

（1）串联式混合动力 使用串联式混合动力驱动方案的混合动力汽车包括一个电机和一个内燃机，其特点是仅由电机直接对驱动轮产生影响。因为所有组件须依次安装，所以这种结构被称为串联式。由内燃机驱动一个可以为电动行驶传动装置和电存储器提供能量的发电机，通过供电电子装置控制电能量流。根据蓄电池和充电策略、作用范围以及动力性确定发电机与电存储器的大小，可以对串联式混合动力中的组件进行非常灵活的布置。串联式混合动力汽车的最大缺点是需要进行两次能量转换，因此导致效率下降。必须按照最大驱动功率设计内燃机和发电机。与并联式混合动力汽车相比，在内燃机效率相同的情况下会产生更多的排放量并造成耗油量增大。

纯电动传动装置在特定情况下同样也是一种串联传动装置。

如图2-11所示，车辆只通过电机来驱动，内燃机与驱动轴是没有机械连接的。内燃机带动一个发电机，该发电机在车辆行驶时为电机供电或者给高压蓄电池充电。

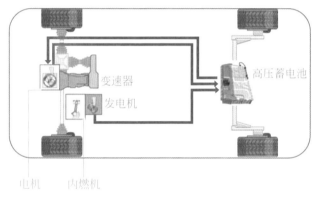

图2-11 串联式混合动力组件

❶ 串联式混合动力结构特点。串联式混合动力结构的动力来源于电动机，因此，电动机功率一般要大于发动机功率，这样才能满足车辆的行驶需求。所以通俗地讲，串联式混动动力结构，即电动机＋发动机＝串联。串联式混合动力结构布局见图2-12。

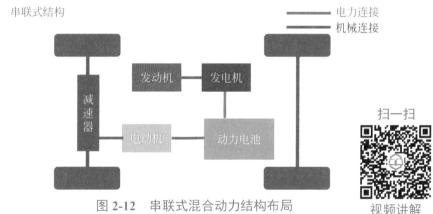

图2-12 串联式混合动力结构布局

扫一扫

视频讲解

❷ 串联式混合动力运行特点。串联式混合动力汽车的电动机直接驱动车轮，发动机则用于驱动发电机给电池进行充电。因为发动机并不直接驱动车轮，这相当于在普通的电动汽车上装载了一台发动机。

（2）并联式混合动力　与串联式混合动力不同，在并联式混合动力系统中内燃机和电机都要与驱动轮进行机械连接。驱动车辆时不仅可以单独而且也可以同时使用两种动力传动系统。因为可以同时将作用力输送至传动系统，所以将该系统称为并联式混合动力系统。

由于可以将两个发动机的功率进行叠加，所以这两个发动机可以采用更小和更轻的设计，这样可以在重量、耗油量和 CO_2 排放量等方面更加节约。设计时可以通过其他方法获得最大的行驶动力性，当内燃机功率相同时通过电机提高功率，甚至可以降低耗油量。电机也可以作为发电机使用，因此可以将其统称为"电动机"。在滑行阶段或制动时电机会产生电能，通过供电电子装置的控制将其存储在高压蓄电池内，同时还能降低耗油量。并联式混合动力汽车与部分混合动力汽车相比成本更加低廉。

如图 2-13 所示，并联式混合动力结构的特点是简单。要对现有车辆进行"混合动力改造"的话，就使用这种结构。

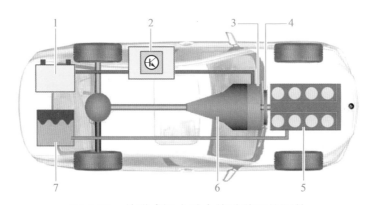

图 2-13　并联式混合动力传动装置的组件

1—高压蓄电池；2—供电电子装置；3—电机；4—离合器；5—内燃机；6—变速器；7—燃油箱

内燃机、电机和变速器装在同一根轴上。内燃机和电机各自的功率加起来，就是总功率。对于四轮驱动汽车来说，并联式混合动力结构可以将动力分配到四个车轮上。

❶ 并联式混合动力结构特点。并联式混动动力汽车靠发动机或者电动机中的某一个，或者发动机和电动机共同驱动，并且保留了变速器。因此，通俗地讲，并联式混合动力结构，即普通汽车＋电动机＝并联。并联式混合动力结构布局见图 2-14。

❷ 并联式混合动力运行特点。并联式混合动力汽车内有两套驱动系统，也就是说，大多是在传统燃油汽车的基础上增加电动机、电池、电控系统而成，电动机与发动机共同驱动车轮。车内只有一台电机，驱动车轮的时候充当电动机，不驱动车轮给电池充电的时候充当发电机。

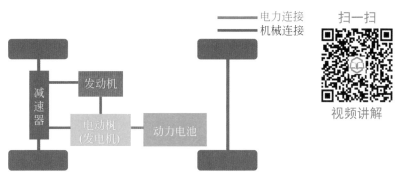

图 2-14　并联式混合动力结构布局

也就是以发动机为主，以电动机为辅，电动机一般无法单独驱动汽车。系统输出动力等于发动机与电动机输出动力之和，其中最为典型的有本田 IMA 系统。

（3）混联式混合动力　因为在这种混合动力传动装置中可以用串联和并联的方式传递作用力，所以该系统也被称为串并联或功率分支式混合动力系统，也称混联式混合动力系统。该系统分为两种：一种为发动机主动型，车辆运行时，主要是发动机起作用；另一种是电力主动型，车辆运行时，主要是电机起作用。

针对不同行驶状态提供以下运行模式。

❶ 由内燃机驱动发电机，以便为高压蓄电池充电。

❷ 由内燃机驱动发电机，使用其所产生的电能驱动电机（串联式混合动力）。

❸ 与电机一样，内燃机以机械方式与驱动轴相连，由两个传动装置同时驱动车辆（并联式混合动力）。

功率分支式混合动力传动装置的组件见图 2-15。

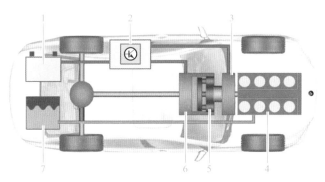

图 2-15　功率分支式混合动力传动装置的组件

1—高压蓄电池；2—供电电子装置；3—发电机；4—内燃机；
5—行星齿轮箱；6—电机；7—燃油箱

在这种组合式混合动力传动装置中只需使用一个离合器就可以完成两种运行模式的切换。使用功率连接混合动力传动装置的车辆可以在某一特定速度下以纯电动方式行驶。此外，通过两种传动装置良好的组合可以使内燃机始终在其最佳运行范围内工作。功率分支式混合动力传动装置的缺点是传动控制复杂且成本较高。通常只有在全混合动力中才会使用功率分支式混合动力系统。

❶ 混联式混合动力系统结构特点。混联式混合动力系统在发动机和电动机协同驱动汽车行驶的同时，发动机还能带动发电机为电池充电，不再像并联式混合动力结构中单一电动机需要身兼二职，并且理论上它能够实现发动机带动发电机发电、电动机驱动汽车的模式。当然，两个动力单元也能够单独驱动车辆。混联式混合动力系统结构布局见图2-16。

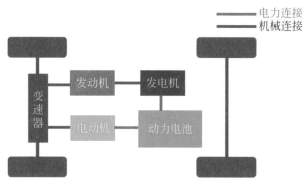

图 2-16 混联式混合动力系统结构布局

❷ 混联式混合动力系统运行特点。混联式混合动力系统主要以电机为主，发动机为辅助，电动机和发动机都能单独驱动汽车。由于系统中配置有独立发电机，因而系统输出的最大动力等于发动机、电动机以及充当电动机（部分情况）的发电机的输出动力之和。混联式系统结构复杂，但动力性能和燃油经济性都相当出色，其中典型的有丰田 THS-Ⅱ系统。

（4）插电式混合动力 插电式混合动力指汽车上使用了混合动力装置，而其高压蓄电池还可以通过外接电源（充电站或者家用插座）来充电。插电式混合动力是目前应用最为广泛的一种技术。使用插电式混合动力可以进一步降低耗油量。

插电式混合动力汽车的电池相对比较大，可以外部充电，也可以先用纯电模式行驶，电池电量耗尽后再以混合动力模式（以内燃机为主）行驶，并适时向电池充电。插电式混合动力的组件见图2-17。

维修提示

插电式混合动力汽车与普通混合动力汽车的区别是，普通混合动力汽车的电池容量很小，仅在启/停、加/减速的时候供应和回收能量，不能外部充电，不能用纯电模式行驶较长距离。

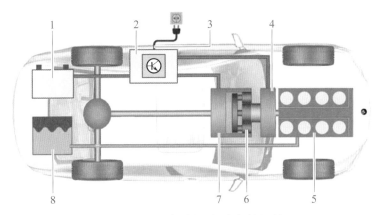

图 2-17　插电式混合动力的组件

1—高压蓄电池；2—供电电子装置；3—电源插头；4—发电机；5—内燃机；
6—行星齿轮箱；7—电机；8—燃油箱

现在市场比较主流的是插电式混合动力汽车，简单说就是介于电动汽车与燃油汽车两者之间的一种车型，既有燃油汽车的发动机、变速器、传动系统、油路、油箱，也有电动汽车的电池、电机、控制电路，而且电池容量比较大，续驶里程更长，有充电接口。

而非插电式混合动力汽车必须加油，通过发动机驱动发电机来给电池充电、低速启动时仅靠电动机驱动行驶、通过发动机直接驱动车轮行驶或者是电动机与发动机两者共同驱动车轮行驶。其代表车型有丰田的普锐斯、凯美瑞尊瑞等。

三、认识纯电动汽车

去发动机化的电动汽车主要是纯电动汽车，不再需要内燃机。其动力源是电动机，采用高效率的充电的动力电池代替了燃油箱。

1. 维修特点

高压电很危险，动力电池电压高达 350V 左右。纯电动汽车维修和混合动力电动汽车一样，维修中最大的特点就是高压安全防护。必须严格依规执行高压电安全操作规范，做好高压触电防护（如穿标准的电工绝缘制服，戴护目镜，穿绝缘鞋，戴绝缘手套等），维修前必须执行高压断电程序。

2. 结构特点

从结构上，简单来说，纯电动汽车就是把上述混合动力汽车的发动机系统拿掉，由单一的电力驱动的汽车。这样讲是为了说明传统的燃油汽车、油电混合动力汽车和纯电动汽车三者之间结构特点的关系。纯电动汽车电动化结构见图 2-18。

图 2-18　纯电动汽车电动化结构

3. 基本结构原理

纯电动汽车的结构与燃油汽车相比，主要增加了电力驱动控制系统，取消了发动机。当汽车行驶时，由蓄电池输出电能（电流），通过控制器驱动电机运转，电机输出的转矩经传动系统带动车轮前进或后退。

纯电动汽车的基本结构比较简单，主要由动力电池和电动机组成。动力电池、变速器和电动机之间是电气连接；电动机、减速器和车轮之间为机械连接（图 2-19）。

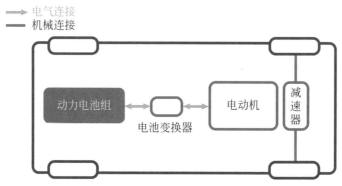

图 2-19　纯电动汽车基本结构原理

4. 核心部件

纯电动汽车主要由"三电"组成，即以动力电池为核心的电源系统，以驱动电机为核心的驱动电机系统，以电机控制器为核心的电控系统，见图 2-20 和图 2-21。

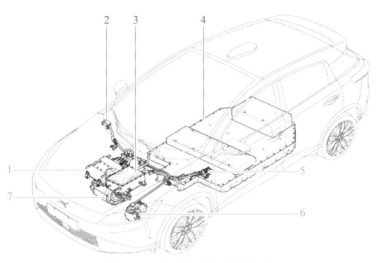

图 2-20　电动化系统整车布局

1—电机控制器；2—交流充电口；3—充电机 / 直流转换器；4—动力电池；
5—直流充电口；6—空调压缩机；7—驱动电机

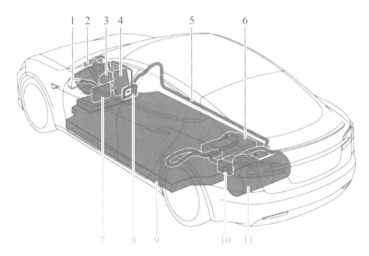

图 2-21　电动化系统整车布局（双电机）

1—前置电机；2—空调压缩机；3—电池冷却剂加热器；4—前接线盒；5—高压电缆；6—车载充
电器；7—直流 / 直流变流器；8—驾驶室加热器；9—电池；10—充电端口；11—后置电机

（1）电源系统　电源系统主要包括动力电池、电池管理系统、车载充电机及辅助动力源等。动力电池是电动汽车的动力源，是能量的存储装置。

动力电池，即高压蓄电池，在电动汽车标准术语中称动力蓄电池。动力电池的功能是存储能量，通过从主电源电路充电以及通过再生制动接收能量（图 2-22 和图 2-23）。

扫一扫

视频讲解

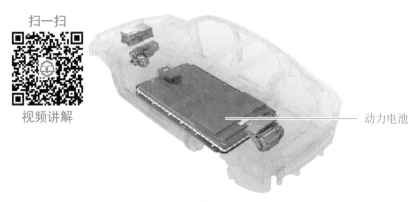

图 2-22　动力电池

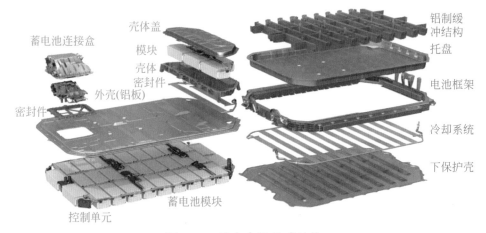

壳体盖

模块

蓄电池连接盒

壳体

密封件

外壳(铝板)

密封件

控制单元

蓄电池模块

铝制缓冲结构

托盘

电池框架

冷却系统

下保护壳

图 2-23　动力电池总成结构

（2）驱动电机系统　驱动电机通常为三相永磁同步电机，是电动汽车的"心脏"，是纯电动汽车的唯一动力来源，是汽车行驶的主要执行机构，其决定汽车的动力性等重要指标（图 2-24）。

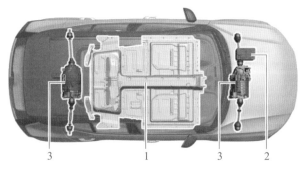

图 2-24　驱动电机系统

1—动力电池；2—蓄电池（12V）；3—驱动电机

驱动电机系统以驱动电机为核心，将存储在蓄电池中的电能高效地转化为车轮的动能进而推进汽车行驶，并能够在汽车减速制动或者下坡时，实现再生制动。前、后驱动电机见图 2-25。驱动电机及其结构见图 2-26 和图 2-27。

维修提示

功率控制装置（电子控制装置）用于控制高压蓄电池到三相驱动电动机总成间的能量流，同时也可以为车载电网蓄电池供电。

前桥电驱动装置控制单元功率电子装置　　后桥电驱动装置控制单元功率电子装置

前桥电驱动装置电机　　　　　后桥电驱动装置电机

图 2-25　前、后驱动电机

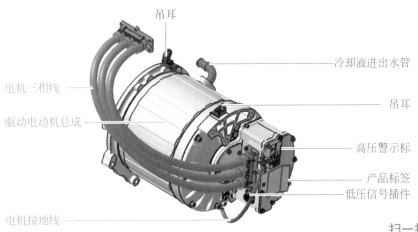

吊耳

冷却液进出水管

电机三相线

吊耳

驱动电动机总成

高压警示标

产品标签

低压信号插件

电机接地线

图 2-26　驱动电机

驱动电机系统由驱动电动机和驱动电机控制器构成，通过高低压线束和冷却管路，与整车其他系统进行电气和散热连接。

扫一扫

视频讲解

21

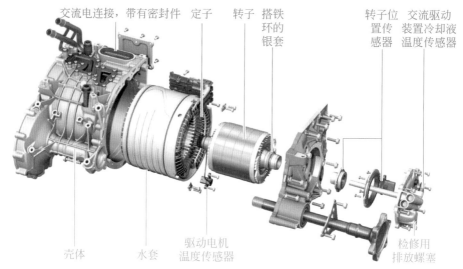

交流电连接，带有密封件　定子　转子　搭铁环的银套　转子位置传感器　交流驱动装置冷却液温度传感器

壳体　水套　驱动电机温度传感器　检修用排放螺塞

图 2-27　驱动电机结构

5. 整车控制器

整车控制器是电机系统的控制中心。它对所有的输入信号进行处理，并将电机控制系统运行状态的信息发送给驾驶员。根据驾驶员输入的加速踏板和制动踏板的信号，向电机控制器发出相应的控制指令，对电机进行启动、加速、减速、制动控制。

6. 充电系统

充电系统主要由车载充电机（图 2-28）、充电电缆、交流充电插座、直流充电插座、DC/DC 转换器组成，其主要功能是给动力电池包和 12V 蓄电池充电。充电系统组件见图 2-29。

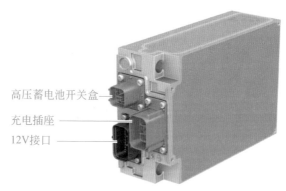

高压蓄电池开关盒

充电插座

12V接口

图 2-28　车载充电机

车载充电机集成了充电机、DC/DC 转换器、高压配电盒，其中下层是车载充电机

和 DC/DC 转换器部分，上层是高压配电盒部分。充电连接见图 2-30。

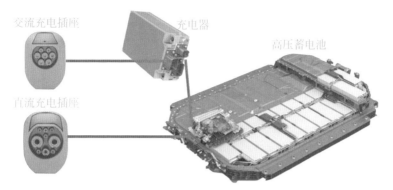

图 2-29　充电系统组件

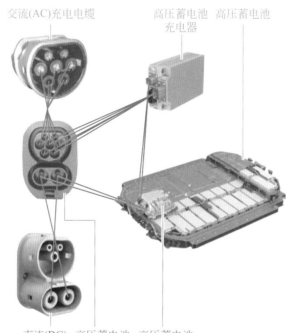

直流(DC)　高压蓄电池　高压蓄电池
充电电缆　充电插座　　开关盒

图 2-30　充电连接

扫一扫

视频讲解

维修提示

　　DC/DC 转换器接收整车控制器 VCU 的工作指令和输出电压、电流请求，将高压直流电转化为低压直流电，为蓄电池充电和整车低压电气系统供电。

7. 其他功能系统

包括电动汽车变速器、电动空调系统、冷却系统、电动转向系统等。

8. 辅助系统

辅助系统包括车载信息显示系统、照明及除霜装置、刮水器和收音机等，借助这些辅助设备来提高汽车的操纵性和成员的舒适性。

四、认识燃料电池汽车

氢燃料电池汽车最大的特点是行驶时排放的是纯净水。氢燃料电池汽车和电动汽车均是利用电能驱动行驶的，是没有废气排放的环保汽车。这两种车辆最大的区别在于，氢燃料电池汽车直接在车辆内产生动力电能，而电动汽车通过外部供给电能，因此彼此的排放物不同。在车辆行驶中，电动汽车没有排放物，但氢燃料电池汽车会通过排气管排出纯净水。

生产氢气的方法有很多种，但未来社会将主要通过新的再生能源发电，并利用此电能对水进行电离反应获取氢气，将从水中获取的氢气用作汽车的驱动能源，然后将还原的纯净水还给大自然。因氢气是无限可持续性的产品，其生产过程也非常环保，因此氢燃料电池在所有产业中均可利用，是非常具有潜力的能源技术，不仅在汽车上（尤其商用车），在飞机、船舶、无人机等移动装置，家用冷暖气系统等几乎所有使用电能的领域都可以加以利用。

 小贴士：

氢能也需要像加油站和充电站一样，需要建设加氢站供车辆加氢。作为北京2022年冬奥会能源保障项目之一，张家口崇礼北加氢站日供氢能力达2000kg，为北京2022年冬奥会和冬残奥会张家口赛区氢燃料摆渡车辆提供加氢服务。

氢燃料电池汽车无内燃发动机，由燃料电池堆、驱动电机、储氢装置等组成，通过氢气和氧气的化学反应来产生电能，驱动电机产生驱动动力。

图 2-31　氢燃料电池汽车

1. 氢燃料及储存

氢气的沸点为 -252.87℃，常温下呈气体状，且密度较小，需要很大的储存空间，这导致氢作为燃料的效用性不高。为了在同一空间内保存更多的氢气，氢燃料电池汽车使用 700bar（1bar=10^5Pa，下同）的压缩氢气作为燃料。

氢燃料电池汽车上储存高压氢气的部件是储氢罐。氢燃料电池汽车储氢罐的外胆由可以承受 700bar 高压的碳纤维强化复合材料制成，而内胆中插入了耐久和复原弹性超强的由聚酰亚胺尼龙材料制成的气囊。在储氢罐中储存的氢气经过 2 级减压装置后传送到燃料电池堆中（图 2-32）。

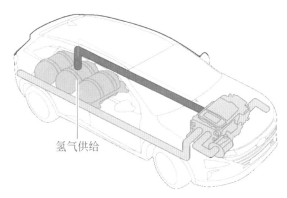

图 2-32 氢燃料储存和供给示意

2. 空气供给系统

氢燃料电池汽车通过氢气和氧气的化学反应产生电能，其中氧气通过空气供给系统从大气中获得。空气供给装置对进入的空气经过多个步骤的净化：首先通过空气过滤器过滤灰尘和化学物质，然后用膜加湿器对干燥的空气进行加湿，最后通过气体扩散层供给氧气到燃料电池电极膜（图 2-33）。

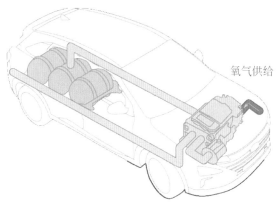

图 2-33 氧气供给示意

为提高燃料电池堆的耐久性，空气供给系统向燃料电池堆供给氧气的过程需要经过多个空气净化、压力和流量的调整步骤，将与氢气发生化学反应的氧气供给到燃料电池堆的装置。如果把空气不经过滤地供给到燃料电池堆，空气中所含的各种杂质会损坏燃料电池堆。氢燃料电池汽车所排放到大气中的气体就是这些净化过的、滤掉杂质的气体。

3. 燃料电池堆

燃料电池堆是氢燃料电池汽车的核心。从空气供给系统获得的氧气和储氢罐提供的氢气在这里进行化学反应产生电能。例如，现代汽车 NEXO 车型的燃料电池堆由 440 个单格电池组成，每个单格电池由氢气和氧气相遇发生化学反应而产生电能的电极膜、将氢气和氧气传送到电极膜表面的气体扩散层，以及起着电极膜和氢气、氧气通道作用的金属分离板三部分组成。

4. 驱动电机

驱动电机将燃料电池堆产生的电能转换为动能（图 2-34）。减速时，通过再生制动系统充当发电机的作用。

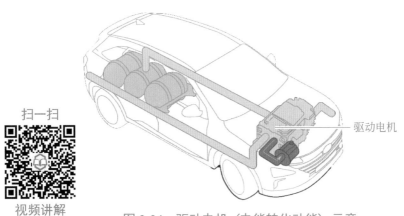

扫一扫

视频讲解

图 2-34　驱动电机（电能转化动能）示意

在氢燃料电池汽车上安装的驱动电机和电气、电子部件与普通电动汽车的结构相似。驱动电机系统由电机、集成电能控制装置和减速器构成。

电机利用电能产生车辆行驶所需的驱动力，集成电能控制装置负责电能供给和管理，减速器调整驱动电机转数。

氢燃料电动汽车与其他电动汽车一样，配有将车辆的动能转换为车用电能的再生制动系统。车辆减速时，通过再生制动系统把车辆的动能转换成电能，并储存在高电压蓄电池内，用于驱动电机的运转，大力改善能量效率。

认识电动汽车基本维护作业

一、仪表和指示灯

电量表显示车辆动力电池剩余电量，并估算剩余电量的续航里程。不同纯电动汽车仪表见图 2-35 ～图 2-37。

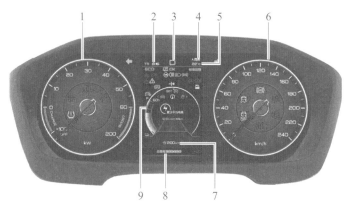

图 2-35　仪表（比亚迪全新秦 EV）

1—功率表；2—时间；3—挡位；4—方位；5—车外温度；6—车速表；
7—续航里程；8—总里程；9—电量表

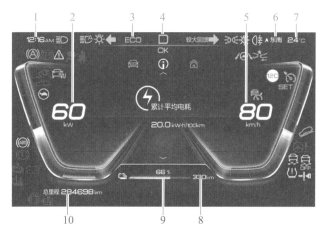

图 2-36　仪表（比亚迪宋 ProEV）

1—时间；2—功率表；3—工作模式；4—挡位；5—车速表；6—方位；
7—车外温度；8—续航里程；9—电量表；10—里程表

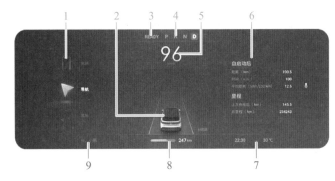

图 2-37　仪表（触屏仪表）

1—仪表板左侧显示区域；2—显示本车；3—指示灯；4—挡位指示灯；5—车速；
6—仪表板右侧显示区域；7—时间/温度；8—电量表；9—登录账号信息

车辆上电时，部分指示灯会点亮，待系统完成自检后或车辆启动后，如系统正常，指示灯会熄灭。部分指示灯点亮显示车辆系统功能的状态信息，并非系统故障。仪表指示和警告灯见表 2-2。

表 2-2　仪表指示灯和警告灯

名称	符号		说明
放电指示灯		蓝色	正常放电
READY指示灯	READY	绿色	绿色指示灯点亮表示车辆启动成功
经济模式指示灯	ECO	蓝色	蓝色指示灯点亮表示 ECO 模式启用成功
运动模式指示灯	SPORT	红色	红色指示灯点亮表示 SPORT 模式启用成功
12V 蓄电池充电系统指示灯		红色	红色指示灯点亮表示 12V 蓄电池系统存在故障 （1）当系统检测到 12V 蓄电池电压过低时，红色指示灯点亮，同时仪表板会显示"低压蓄电池电压过低"信息提示驾驶员 （2）当系统检测到 12V 蓄电池有故障时，红色指示灯点亮，同时仪表板会显示"低压蓄电池故障"信息提示驾驶员
充电枪已连接指示灯		红色	红色指示灯点亮表示充电枪已连接成功 当连接充电枪给车辆充电时，红色指示灯点亮，同时仪表板会显示"充电枪已连接"信息提示

续表

名称	符号		说明
电动系统故障指示灯		红色	红色指示灯点亮表示车辆电动系统有故障 当车辆电动系统有故障时，红色指示灯点亮，同时仪表板会显示"电池过温，远离车辆，请联系维修""车辆跛行，请联系维修""车辆失去动力，安全停车，请联系维修"等信息及蜂鸣器鸣叫提示驾驶员，此时驾驶员应根据提示操作
电机及控制器过热指示灯		红色	红色指示灯点亮表示电机及控制器温度过高
动力电池过热指示灯		红色	红色指示灯点亮表示动力电池温度过高
动力电池故障警告灯		红色	（1）当整车电源挡位处于"OK"挡电时，此灯点亮。如果动力电池系统工作正常，则几秒钟后此灯熄灭。如果系统发生故障，此灯将再次点亮 （2）如果发生任何一种下列情况，则表示在警告灯系统监控的部件中发生故障 ①当整车电源挡位处于"OK"挡电时，此灯持续点亮 ②驾驶中此灯持续或偶然点亮
电机冷却液温度过高指示灯		红色	此警告灯长亮时表示电机冷却液温度过高，应停车冷却车辆
电池低电量提示灯		黄色	黄色提示灯点亮表示动力电池电量过低，同时仪表板会显示"续航里程低，请及时充电"，提示驾驶员及时充电
驱动功率限制警告灯		黄色	当动力电池电量低，电机功率受到限制时，此警告灯点亮

二、充电维护

1. 充电口维护

如果充电接口外装饰盖被冰冻住，须用喷雾或除冰器除去外装饰盖上的冰，再进行充电操作。

在完成充电后，确保快充充电口盖处于闭合状态，以防进水。特别在洗车等水压较高的环境中，应确保快充充电口盖处于良好的闭合状态。

在低温环境下，洗车后需将口盖（快充口盖、慢充口盖、加油口盖）擦干再关闭。

快充（交流）充电接口见图 2-38，慢充（直流）充电接口见图 2-39。

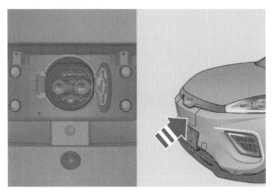

图 2-38　快充（交流）充电接口

图 2-39　慢充（直流）充电接口

2. 充电注意事项

充电时务必遵守下列事项，以避免造成人员高压触电或其他伤害。在充电过程中可根据组合仪表、发光标志（LOGO）灯和随车充电盒指示灯来判断车辆充电状态。充电桩交流慢充过程见图 2-40。

❶ 充电前务必先将车身充电口附近的雨水、污渍擦干，再打开充电口充电。特别注意充电插座及其附近区域不得残留水渍。

❷ 充电时禁止触摸充电接口、充电插头的金属部分，若车辆或车载充电机出现电火花，禁止触摸电动车辆和任何器件，否则会受到电击，引起人员伤亡。

❸ 车辆充电时的环境温度建议为 15 ～ 40℃，避免在低温或高温环境下充电

（建议冬季在中午，夏季在早晚）。

❹ 充电过程中，要确保充电线缆处于自然状态，而不是悬挂在空中。

❺ 若发现车上出现特殊气味或烟雾，必须安全地立即切断供电电源。

❻ 拔下充电插头时请握住插头绝缘部分操作，禁止直接拖、拽充电线缆。

❼ 为防止烫伤，勿裸手触碰以下零部件。

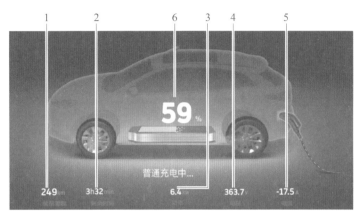

图 2-40 充电桩交流慢充过程

1—续航里程；2—剩余时间；3—功率；4—电压；5—电流；6—充电状态

a. 车辆行驶一段时间后，勿裸手触碰驱动电机表面、电机控制器及电动真空泵表面。

b. 使用空调制冷一段时间后，勿裸手触碰电动空调压缩机表面和散热器表面。

c. 车辆充电过程中，勿裸手触碰车载充电器表面。

❽ 充电结束后请务必关闭充电插座防护盖和充电口盖。启动车辆前请确认充电插头已从充电口拔出。

❾ 充电线缆具有防盗功能。充电线缆连接后，充电枪自动上锁，充电结束后充电锁解除，也可通过方向盘左手侧的仪表板解锁和锁止充电枪锁功能。

❿ 确保电源设备、待充电车辆、充电电缆和充电插头远离雨、雪、积水、火源等。

⓫ 充电前需检查充电电缆的表皮、外壳有无破损，若出现上述状况，禁止使用破损的充电电缆。

⓬ 禁止私自拆卸或改装充电口。

⓭ 禁止私自延长、改装充电线缆或插头，否则将容易发生危险。

⓮ 严禁私自拆卸车内高压电缆连接的零部件，严禁私自拆卸、断开车上高压电缆的线束连接器，否则可能造成严重的车辆损坏，并对人身造成电击伤害。

⓯ 充电系统工作时内部可能存在火花，不要在有汽油、涂料、易燃液体使用或存放的环境下使用充电设备。

⑯ 充电时，禁止将充电线缆放在车内；充电线缆务必远离火源；勿靠近或触碰前机舱散热风扇。

⑰ 使用家用电源充电，所选插座以及转接线排的电流规格不得低于交流充电插座总成铭牌上的额定电流。

三、冷却系统维护

检查冷却液储液罐侧面的液位标记，MAX 表示上限标记；MIN 表示下限标记。冷却液液位应在 MIN 标记与 MAX 标记之间，如低于 MIN 标记，应及时添加与原来一致的冷却液。

（1）检查动力电池冷却液液位　见图 2-41。

图 2-41　检查动力电池冷却液液位

（2）检查电机冷却液液位　见图 2-42。

图 2-42　检查电机冷却液液位

（3）检查采暖冷却液液位　见图 2-43。

图 2-43　检查采暖冷却液液位

维修提示

① 切勿向冷却系统内添加任何防锈剂或其他添加物，因为添加物可能与冷却液或电动机组件不相容。

② 在打开冷却液壶盖之前，必须确认电机、高压电控集成模块、冷却液壶以及散热器均已冷却。

四、定期维保项目

电动汽车在间隔的时间或里程段进行维护。根据目视检查或系统操作（性能）功能测量的结果，按需修正、清洗或更换。保养项目是根据车辆正常行驶情况下制定的，对于经常在恶劣条件下使用的车辆，应增加保养频率。

1."三电"系统的检查

❶ 断开蓄电池负极。

❷ 检查高压接插件、低压接插件外观，以及安装是否可靠，检查接插件表面是否有损坏，以及安装是否到位。

❸ 检查集成电力驱动总成的可靠情况（检查高压线束的连接是否可靠，检查固定支架是否松动，读取故障码）。

❹ 检查动力电池的可靠情况（检查与电池箱相连接的高压线束连接是否可靠，用专用工具检测电芯工作状态，读取故障码）。

❺ 检查集成电源系统的可靠情况（检查高压和低压接插件连接是否完好，检查蓄电池正负极线束连接是否可靠，检查安装螺母是否紧固，读取故障码）。

❻ 检查特殊部位的高压线束（底盘下的高压线束及高压线束护板是否有损坏，与电机连接部位是否可靠、完好，快、慢充电高压线束连接是否可靠、完好）。

2. 电动汽车电动化系统保养项目及周期（表2-3）

表2-3　电动汽车电动化系统保养项目及周期

系统	检查项目	每5000km或半年	每10000km或一年	每40000km或两年
动力电池系统	电池包外观	检查	检查	检查
	异味检查	检查	检查	检查
	高压插接器及线束	—	检查	检查
	低压插接器及线束	—	检查	检查
	螺栓扭矩	紧固	紧固	紧固
	平衡阀/透气阀	—	—	检查
	维修开关	—	—	检查
电机系统	前、后电机外观	检查	检查	检查
	插接器及线束	—	检查	检查
	温控管路	检查	检查	检查
	支撑胶及螺栓扭矩	—	紧固	紧固
电控系统	"三合一"外观	检查	检查	检查
	高压插接器及线束	检查	检查	检查
	低压插接器及线束	检查	检查	检查
	温控管路	—	检查	检查
	低压输出正端子	检查	检查	检查
	接地端子	检查	检查	检查
	螺栓扭矩	—	检查	检查

3. 其他系统保养项目及周期（表2-4）

表2-4　其他系统保养项目及周期

系统	检查项目	每5000km或半年	每10000km或一年	每40000km或两年
电气电控系统	灯光和信号	检查	检查	检查
	室内灯与氛围灯	检查	检查	检查
	多功能方向盘	检查	检查	检查

续表

系统	检查项目	每5000km 或半年	每10000km 或一年	每40000km 或两年
电气电控系统	智能车载系统	检查	检查	检查
	座椅记忆与调节	检查	检查	检查
	门开关功能	检查	检查	检查
	车窗功能	检查	检查	检查
	电源及USB	检查	检查	检查
	喇叭	检查	检查	检查
	大屏功能	检查	检查	检查
	钥匙进入与启动	检查	检查	检查
	遥控门锁	检查	检查	检查
	内外后视镜	检查	检查	检查
	仪表信息和故障	检查	检查	检查
	最新整车软件	检查	检查	检查
	遥控门锁	检查	检查	检查
	内外后视镜	检查	检查	检查
制动系统	仪表信息和故障	检查	检查	检查
	最新整车软件	检查	检查	检查
	电子驻车	检查	检查	检查
	行车制动	检查	检查	检查
	制动液	检查	检查	更换
	制动管路	检查	检查	检查
	制动行程	检查	检查	检查
	制动开关	检查	检查	检查
	制动盘	检查	检查	检查
	前后制动摩擦片	检查	检查	检查
转向系统	方向盘自由行程	检查	检查	检查
	转向管柱调整	检查	检查	检查
	转向机	检查	检查	检查
	转向轴及防尘罩	检查	检查	检查
	横拉杆球头及防尘罩	检查	检查	检查
	转向助力功能	检查	检查	检查

续表

系统	检查项目	每5000km 或半年	每10000km 或一年	每40000km 或两年
车身系统	前后风挡玻璃	检查	检查	检查
	雨刷	检查	检查	检查
	洗涤液	补充	补充	补充
	座椅和轨道	检查	检查	检查
	门锁、铰链及限位	检查和润滑	检查和润滑	检查和润滑
	前后盖锁与铰链	检查	检查和润滑	检查和润滑
	前后盖撑杆	检查	检查	检查
	儿童锁	检查	检查	检查
	安全带及提醒	检查	检查	检查
	各门密封胶条	检查	检查	检查
	内饰	检查	检查	检查
传动及悬挂系统	变速器外观	检查	检查	检查
	变速器油	检查	检查	检查或更换
	驱动轴及防尘套	检查	检查	检查
	轮胎轮辋及扭矩	检查	检查和紧固	检查和紧固
	轮胎偏磨 必要时调整定位	检查	检查	检查
	车轮轴承	检查	检查	检查
	前后悬挂	检查	检查	检查
	减振器和弹簧	检查	检查	检查
	底盘螺栓扭矩	检查和紧固	检查和紧固	检查和紧固
冷却系统	冷却液	检查	检查	检查
	冷却管路	检查	检查	检查
	水泵	检查	检查	检查
	散热器	检查和清洁	检查和清洁	检查和清洁
	散热风扇	检查	检查	检查
空调系统	空调功能检查	检查	检查	检查
	空调排水管及排水口是否堵塞	检查	检查	检查
	压缩机	检查	检查	检查
	空调管路	—	检查	检查
	空调冷凝器	检查	检查和清洁	检查和清洁
	空调滤芯	清洁	更换	更换
	PTC及线束	—	检查	检查

第三章

留在车间
——学习电动汽车维修

第一节　熟悉电动汽车安全事项

一、高压零部件识别

❶ 所有高压线束和零部件都为橙色，高压零部件都带有警示标贴（图 3-1 ～图 3-3）。

❷ 高压零部件包括动力电池包总成、车载充电机、电机控制器、驱动电机、电动压缩机、高压电加热器、直流充电插座、交流充电插座等。

> **维修提示**
>
> 在车辆发生严重碰撞事故时，高压系统会自动关闭。

二、维修操作人员

❶ 有条件的可配置专职监护人（例如，车间主管或安全员）监督维修的全过

程，并禁止操作人员和专职监护人之外的人员进入维修操作区域或触摸车辆。

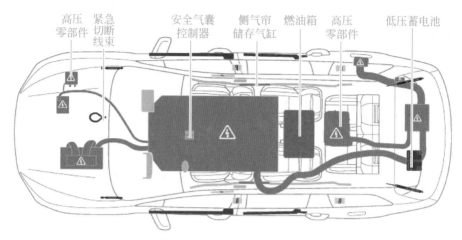

图 3-1　高压系统示意（一）

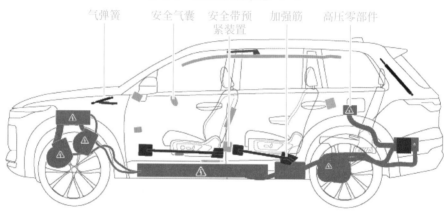

图 3-2　高压系统示意（二）

图 3-3　高压部件上的警示标贴

❷ 专职监护人监督维修人员组成、工具使用、安全防护用品佩戴、备件安全保护、维修安全警示牌等是否符合要求。

❸ 检查电池安全开关的接通和断开。

❹ 负责检查维修过程中的安全隐患。

❺ 专职监护人要认真负起责任，确保维修过程的安全，避免发生安全责任事故。

❻ 严禁未经培训的人员进行高压部分检修，禁止一切带有侥幸心理的危险操作，避免发生安全事故。

❼ 专职监护人及维修人员必须具备国家认可的职业资格证书。

扫一扫

视频讲解

三、维修保养操作

❶ 进行高电压系统线束、零件的维修保养作业前，务必先断开电池安全开关以切断高压电路。

❷ 在断开电池安全开关 5min 后，检修高压系统前应使用万用表测量整车高压回路，确保无电。

❸ 断开电池安全开关挂锁的钥匙务必由专职监护人保管，并禁止在维修保养操作过程中连接电池安全开关。

❹ 在高压系统维修保养作业前，务必穿戴好绝缘防护用品。

❺ 在检修有电解液泄漏的动力电池包时，需佩戴防护眼镜，防止电解液溅入眼中。

❻ 切勿让冷却液溅到高压线束接头上。如果冷却液溅到高压线束接头上，应立即用吹气枪吹干高压线束接头上的液体。

❼ 为防止其他人触摸高压零件，拆下的高压零件务必要放置到安全位置。

❽ 在车辆上电前，注意确认是否还有人员进行高压维修操作，避免发生危险。

❾ 检修高压线束时，对拆下的任何高压线束应立刻用绝缘胶带隔离插件和端子。

❿ 高压线束装配时，必须按照车身固定孔位要求将线束固定好，以免损坏高压线。

⓫ 不能用手指触摸高压线束插接件里的带电部分，以免触电，另外应防止细小的金属工具或铁丝等接触到接插件中的带电部分。

四、调试高 / 低压系统

❶ 调试低压系统前必须断开维修开关（图 3-4）。

维修开关　　　　　维修开关底盒

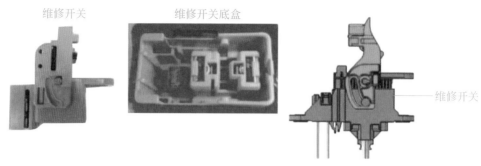

维修开关

图 3-4　维修开关

❷ 调试高压系统时，必须由专职监护人指挥连接电池安全开关。

❸ 必须先调试好低压系统，然后调试高压系统，便于判断动力电池包是否有漏电情况，如有漏电情况应及时检查，不能进行高压系统调试。

检测时，高压维修开关串联在电池高压互锁检测回路中。高压互锁回路设置为三个回路：驱动回路、电池回路、充电回路。高压互锁连接架构见图 3-5。

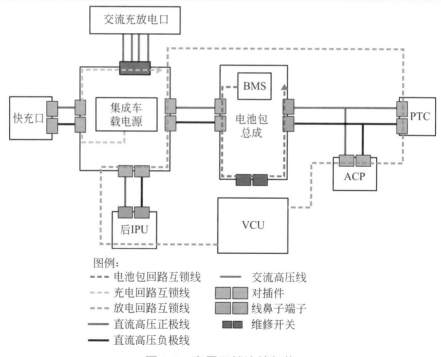

图 3-5　高压互锁连接架构

五、其他安全处理

1. 火灾事故处理

起火时，如果条件允许，需立即将整车电源切换到"OFF"位置，断开电池安全开关，并立即报警。起火燃烧部位会释放出有毒的气体和烟雾，在场人员避免吸入有毒气体和烟雾。

当火势较小且处于可控状态时，需立即使用干粉灭火器、二氧化碳灭火器、消防沙等对起火位置进行灭火，严禁使用水基灭火器。

2. 报废车辆

❶ 车辆报废前，必须先拆下车辆上的锂离子电池。

❷ 用绝缘胶带对拆下的电池端子做绝缘处理。

第二节　熟练使用检测设备

一、兆欧表

1. 兆欧表的使用

如图 3-6 所示是某款兆欧表。兆欧表是维修电动汽车时常用的重要仪表之一。具体使用兆欧表时应注意以下事项。

❶ 黑表笔插入 COM 端子，红表笔插入绝缘测试插孔。

❷ 绝缘测试电压挡调至 500V（或 1000V），或者调到合适的电压挡位。

❸ 黑表笔触头接车身地，红表笔触头接高压线束端子的正极或负极。

❹ 一直按住绝缘表上的"测试"按钮或红表笔上的"TSET"按钮，5s 左右或者数值趋于稳定为止，此时的数显值即为绝缘值（图 3-7）。

❺ 将数字兆欧表的探头留在测试点上面，释放"测试"按钮，被测电路即开始通过仪表放电，直到显示屏显示的电压为零，测试结束（图 3-8）。

2. 绝缘电阻检测方法

❶ 车辆正常下电后，断开 12V 电池的负极。

❷ 拔掉连接压缩机或 PTC 的高压接插件。

❸ 分别测试压缩机高压线束的正负极和高压部件的主负极，所测得的值即为压缩机和高压回路的绝缘电阻。

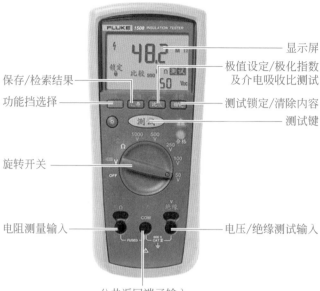

保存/检索结果
功能挡选择

显示屏
极值设定/极化指数
及介电吸收比测试
测试锁定/清除内容
测试键

旋转开关

电阻测量输入
电压/绝缘测试输入

公共返回端子输入

线控远端按钮

图 3-6　某款兆欧表

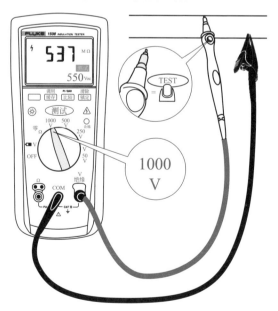

图 3-7　使用兆欧表测量绝缘电阻

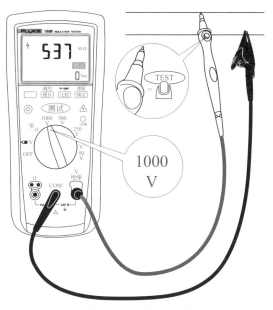

图 3-8　被测电路通过兆欧表放电

二、电池内阻测试仪

1. 单体电池内阻

❶ 电池组装时，需挑选内阻相近的电池单元组成一组。电池的老化和失效后突出的表现就是内阻增大，因此通过测试内阻的大小就可以快速判断出电池的老化程度。

❷ 电池维护过程中，需要测试各单体电池的内阻，把内阻偏大的单体电池挑出来进行更换，以保持电池内阻的一致性。由于电池的容量越大，内阻就越小，因此可以根据内阻的大小粗略判断电池的容量。

2. 电池内阻检测方法

以如图 3-9 所示的某款福禄克（FLUKE）电池内阻检测仪为例，测试和结果分析都比较简单及智能。电池内阻检测仪可以直接导入电脑，如图 3-10 所示，通过数据报表可直观发现第 3 个电池内阻存在故障，第 8 个电池内阻存在潜在隐患。

对于电动汽车的动力电池，常采用交流测量的方法来测量其内阻。利用电池等效于一个有源电阻的特点，给电池一个 1000Hz、50mA 的恒定电流，通过测量其交流压降而获得其内阻，所测量的值精度可达毫欧级。可以通过专用的电池内阻测试仪来完成。电动汽车用锂离子电池内阻非常小，一般为几毫欧。测试电池内部电阻和电压见图 3-11。

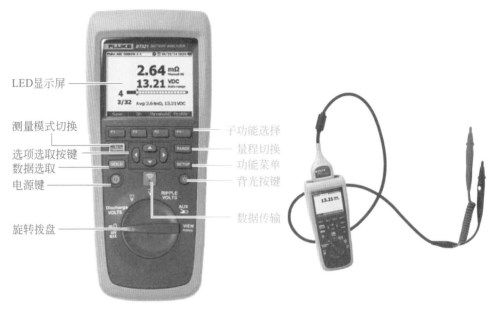

LED显示屏

测量模式切换

选项选取按键

数据选取

电源键

旋转拨盘

子功能选择

量程切换

功能菜单

背光按键

数据传输

图 3-9　电池内阻测试仪

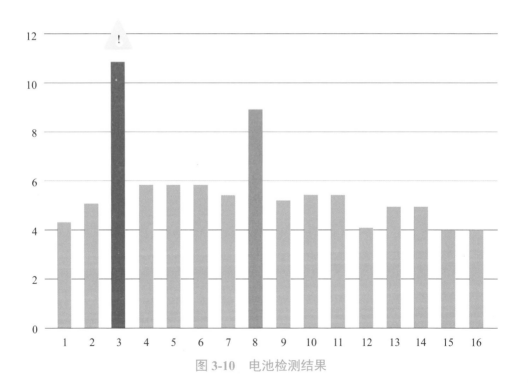

图 3-10　电池检测结果

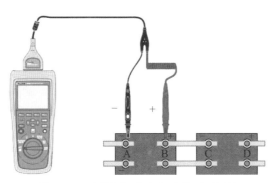

图 3-11　测试电池内部电阻和电压

第三节　了解电动化系统的部件

一、高压线束

高压线束及其连接见图 3-12 和图 3-13。

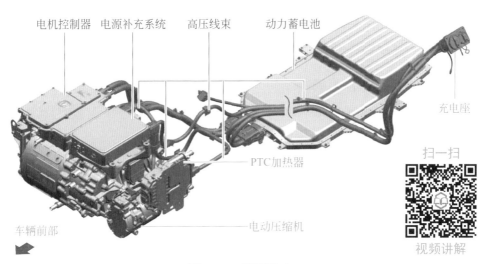

图 3-12　高压线束

❶ 高压线束的正极和负极均与车身绝缘，以确保高压电路的安全性。

❷ 高压线束被橙色绝缘层覆盖，有助于工人快速辨识出高压线束。

❸ 高压线束中的高压接插件具有互锁开关结构，以便 VCU 可以检测到高压接插件是否连接到位。

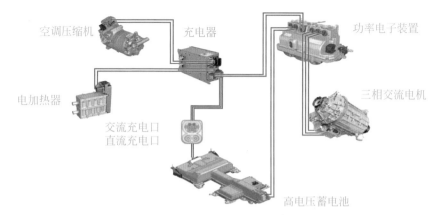

图 3-13　高压线束连接

 维修提示

　　拧紧高压连接线连接螺栓时，拧紧至规定的扭矩，过度拧紧可能会损坏高压连接线或连接螺栓，拧紧不充分可能会增加接触电阻并产生火花，导致车辆着火等灾害。

二、动力电池及管理系统

1. 电池管理系统作用原理

　　BCU 控制器即电池管理系统，是纯电动汽车上管理整车动力蓄电池总成的关键部件，它可实时采集并监控电池电压、电流、温度，预估电池电量（SOC）和当前可用功率；具有过压、过流、过温等故障提示以及漏电流保护等功能，同时具有 CAN 故障诊断和标定功能。

　　（1）动力电池电压传感器

　　❶ 检测动力电池中每个电池的电压。

　　❷ 将检测到的电压输入 BCU。

　　❸ 根据检测到的值，进行 SOC（充电容量）/SOH（劣化状态）/SOF（放电性能）和电池平衡控制等计算。

　　（2）动力电池模块温度传感器

　　❶ 检测动力电池每个模块的温度。

　　❷ 将检测到的电压输入 BCU。

　　❸ 根据检测值操作 / 停止动力电池冷却系统或动力电池加热器系统。

　　❹ 检测到的值用于计算 SOC/SOH/SOF。

（3）动力电池电流传感器

❶ 检测动力电池电流。

❷ 将检测到的电流输入 BCU。

总体来讲，动力电池电芯电压传感器、动力电池模块温度传感器、动力电池电流传感器的传感信息输入 BCU，BCU 监视动力电池的状态，见表 3-1。

表 3-1　动力电池管理控制系统功能

名称	说明
动力电池电压检测	检测每个动力电池（××节）的电压值
动力电池电流检测	检测动力电池的电流值
动力电池温度检测	检测每个动力电池模块（××模块）的温度
动力电池漏电检测	检测动力电池电压和漏电的绝缘电阻
电池平衡控制	均衡每个动力电池单元的电量。如果电池电压发生指定值以上的充电量波动，则由 BCU 执行电池平衡控制。监视每个单元的充电状态，并减少高电荷单元中的电荷量以使电荷量相等
SOC/SOH/SOF 估算	估计 SOC/SOH/SOF
电源电压检测	监视输入 BCU 的电源电压
车载诊断功能	与 BCU 的每个传感器输入进行通信，并执行故障诊断
CAN 通信功能	动力电池状况通过 CAN 通信发送到每个控制模块

（4）平衡控制

❶ 如果电荷高于上限充电或低于下限放电，动力电池会发热并着火。因此，当动力电池中的任何一个电芯达到电荷上限时，BCU 停止充电；当达到电荷下限时，BCU 停止放电（图 3-14）。

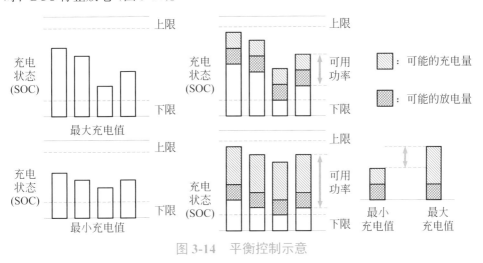

图 3-14　平衡控制示意

❷ 充电时，如果动力电池的电池单元变化很大，即使电池单元可以达到电荷状态（SOC）的上限，BCU 也会停止充电。在放电时，即使电池单元可以达到电荷状态（SOC）的下限，BCU 也会停止放电，而减小剩余电量的续航里程。

❸ BCU 通过从高电荷状态（SOC）的电池中放电来减少电池之间的电量变化，以增加可使用的电量，并确保剩余电量到完全放电的状态。

控制操作示意如图 3-15 所示。

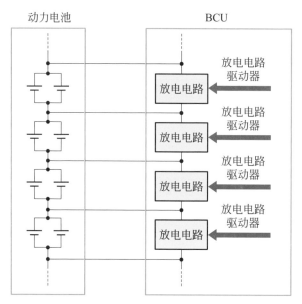

图 3-15　控制操作示意

维修提示

① BCU 根据动力电池中每个电池的电压、每个模块的温度以及动力电池电流来计算每个电池的充电状态。

② 如果电池之间的电荷状态（SOC）发生较大变化，则 BCU 通过驱动 BCU 中的放电电路，从高电荷状态的电池中放电，以抑制电池单元之间的电荷状态的变化。

a. 电池之间计算的电荷状态（SOC）差异很大。

b. VCU 通过 CAN 通信输入的 EV 系统状态信号，表示已切换主电源或动力电池正常充电。

（5）电池管理系统工作原理　见图 3-16。

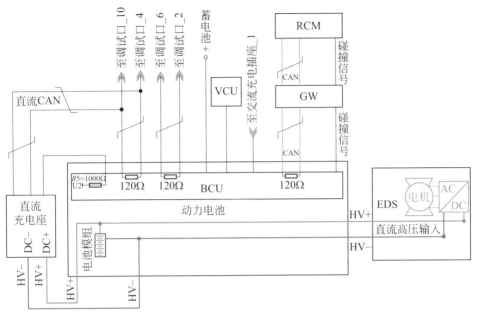

图 3-16 电池管理系统工作原理

❶ 电能输出时。高压直流电通过 IGBT 功率模块转换成三相交流电到驱动电机输出动力（图 3-17）。

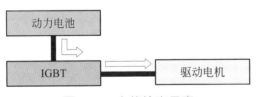

图 3-17 电能输出示意

❷ 动能回收时。将整车传递到减速器的转速扭矩增速降扭后传递到驱动电机，驱动电机将电机线圈端产生的三相交流电通过 IGBT 功率模块转变成高压直流电，给动力电池充电（图 3-18）。

图 3-18 动能回收示意

❸ 充电时。交流充电时，通过 PDU 电源补给系统到 EDS 电机控制器进行动力电池充电。当电源输入 EDS 时，VCU 将 EDS 中的互锁机构开启，通过 AC 进入，DC 输出，给动力电池充电。

直流充电时，从直流充电座直接给动力电池充电（图 3-19）。

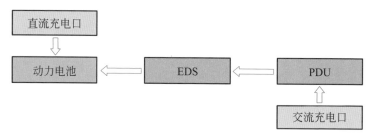

图 3-19 直流充电示意

2. 动力电池系统

（1）动力电池总成 动力电池位于车身底部。动力电池总成由电池模块、电池管理系统、高压元器件、铜排、线束、热管理组件以及电池箱体等组成，通过冷却液进行冷却。混合动力汽车动力电池总成及分解见图 3-20。纯电动汽车动力电池见图 3-21。

扫一扫

视频讲解

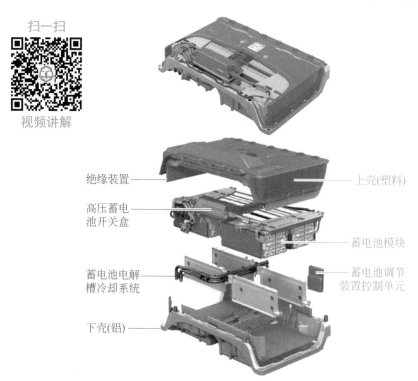

图 3-20 混合动力汽车动力电池总成及分解

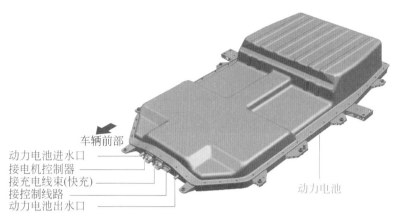

车辆前部

动力电池进水口
接电机控制器
接充电线束(快充)
接控制线路
动力电池出水口

动力电池

图 3-21　纯电动汽车动力电池

　　动力电池利用锂离子化学反应进行充电和放电。动力电池总成的功能是为整车存储能量，为电机和 DC/DC 转换器提供能量来源；为驱动电机供电。另外，它存储通过再生制动由电机产生的动力以及从外部充电的动力。

　　动力电池系统具有以下功能。

❶ 为电动机提供驱动力。

❷ 通过再生制动存储电动机产生的动力，并在外部充电——切断并连接高压电路。

❸ 监视动力电池状态。

❹ 为电动压缩机供电。

❺ 为动力电池加热器、电动压缩机、PTC 加热器、DC/DC 转换器供电。

❻ 驱动电池加热器接触器。

❼ 诊断高压电路中的漏电。

❽ 发生故障时向驾驶员提供系统保护和警告指示，以及故障诊断功能。

（2）电池模块结构　见图 3-22。

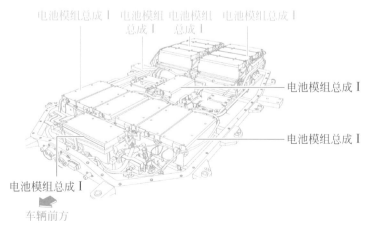

电池模组总成Ⅰ　电池模组　电池模组　电池模组总成Ⅰ
　　　　总成Ⅰ　　总成Ⅰ

电池模组总成Ⅰ

电池模组总成Ⅰ

电池模组总成Ⅰ

车辆前方

图 3-22　电池模块结构

（3）电池管理系统和高压元器件　见图3-23。

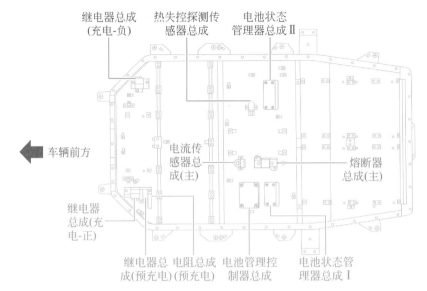

图3-23　电池管理系统和高压元器件

（4）铜排　见图3-24。

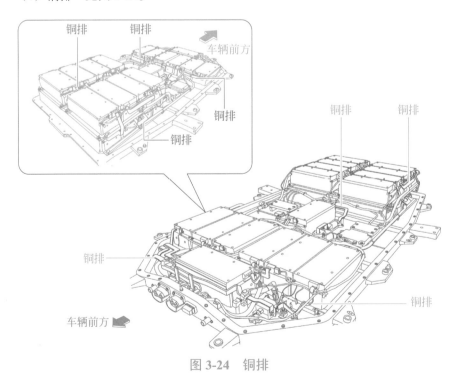

图3-24　铜排

（5）电池热管理系统 见图3-25。

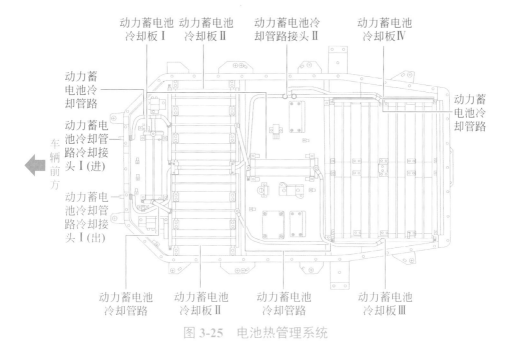

图3-25 电池热管理系统

（6）线束 见图3-26。

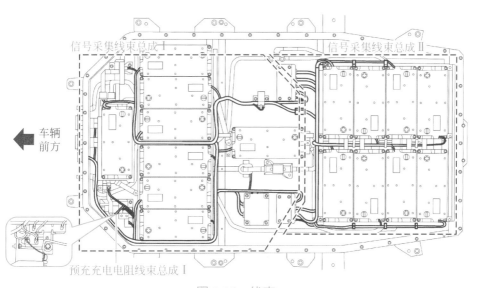

图3-26 线束

（7）动力电池规格 某款车型动力电池规格见表3-2。

表 3-2　某款车型动力电池规格

项目	说明
类型	三元锂离子电池
动力电池总储电量	61.1kW·h
动力电池额定电压	351.36V
容量	174A·h
冷却方式	强制液冷
模组数	24 组
单体数	96 个

❶ 使用动力电池时不允许从外部接触上下壳结构，在发生碰撞等冲击时，保护外壳以防止高压电路暴露在外面。

❷ 动力电池的正极电路和负极电路分开，防止高压电路发生短路以提高安全性。

❸ 每个动力电池模组中总共有 4 个单体电芯。每个模组输出电压约为 14.64V。

❹ 动力电池总成共 96 个电池单体，共采集了 32 个温度点，其布点如图 3-27 所示。单体排序从主负端开始，由负极到正极依次排序，温度点排序亦是如此。一个模组有两个温度传感器，也有个别模组只采集了其中一个温度传感器，靠近模组中间的温度传感器为 1 号温度传感器，靠近模组正极的温度传感器为 2 号温度传感器。

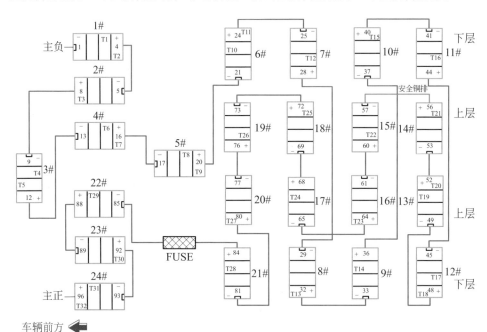

图 3-27　电池单体及温度布点

（8）高压互锁检测回路 动力电池总成内部有高压互锁检测回路，通过主板输出信号经互锁回路再接收信号对高压连接进行检测，若某一高压接插件未接插好或某一段线束开路，则会导致互锁检测不通过，报出高压互锁故障。高压互锁检测回路见图 3-28。

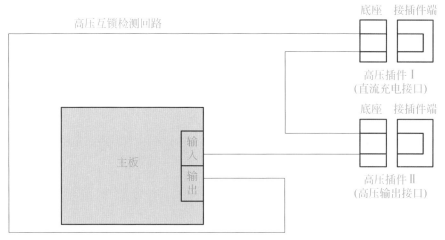

图 3-28 高压互锁检测回路

3. 动力电池冷却系统

扫一扫

❶ 动力电池在充电和放电时会产生热量，通过将冷却液在动力电池内部循环的冷却方式，为动力电池冷却。

❷ 在适当的温度条件下，使动力电池有效进行充电和放电，以防止动力电池性能因长期过热而下降。

视频讲解

❸ 冷媒流经电池冷却器，与电池冷却器电池侧冷却液进行热交换，从而降低动力电池进水温度，实现电池冷却功能，使动力电池的温度达到最佳值（图 3-29）。

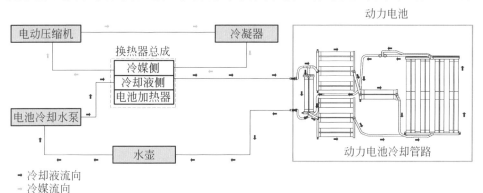

图 3-29 动力电池冷却示意

维修提示

对于动力电池冷却系统，BCU、VCU和热管理系统（TMS）根据每个传感器的信息，向每个执行器输入驱动信号，并执行动力蓄电池的冷却控制。

4.电池加热器系统

❶ 动力电池在极端寒冷的环境中，锂离子的活性会降低，从而会降低充电和放电性能。

❷ 电池加热系统通过加热冷却液，使动力电池的温度达到最佳值，以确保动力电池的充电和放电性能。

❸ 加热器加热后的冷却液，流经电池冷却器，与电池侧的冷却液进行热交换，从而升高动力电池进水温度，实现电池加热功能（图3-30）。

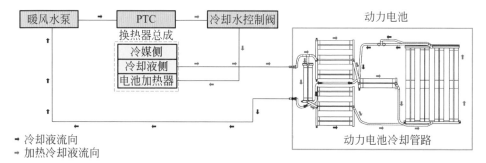

图 3-30 电池加热示意

维修提示

① 如果动力电池温度下降到指定值以下，系统则会开启加热器，并将来自动力电池的电能提供给加热器的电热丝。

② 在动力电池充电的同时，若启动加热器，来自充电设备的电能将提供给加热器。

③ 加热器电路中有热熔丝，由于车辆故障而无法关闭加热器时，则温度熔丝将烧断，电路将被切断，以防止动力蓄电池过热。

④ 当满足加热器停止条件时，例如当动力电池温度升至特定温度时，系统将关闭加热器并停止向加热器供电。

⑤ 即使关闭了主电源，当VCU从BCU接收到操作请求信号时，加热器也会工作。

5. 高压元器件

高压元器件将电力传递到动力电池或从动力电池传递出去。高压元器件中包含熔丝和继电器等零件。

（1）继电器总成（充电）

❶ 正极和负极电路各装有一个继电器。正负电路分开，以防止高压电路短路并提高安全性。

❷ 通过使用铜排将继电器连接到动力蓄电池，可以减小连接处的电阻。

❸ 通过来自 VCU 的信号连接 / 切断高压电路的正极 / 负极。

（2）继电器总成（预充电） 通过来自 VCU 的信号连接 / 切断预充电电路。

（3）电阻总成（预充电） 为防止连接高压电路时出现浪涌电流，在连接时使用电阻器来限制电流，防止损坏高压电路。

（4）电流传感器总成（主） 检测高压电路的电流并将其传输到 BCU。

（5）熔断器总成（主） 如果高压电路过流，熔丝将熔断以保护车辆。

三、驱动系统

1. 组成及功能

在车辆行驶过程中，驱动电机通过来自动力电池的电能产生驱动力，并在减速过程中将车辆动能转换为电能给动力电池充电。电驱动系统由驱动电机、电机控制器和减速器三个部分组成（图 3-31）。

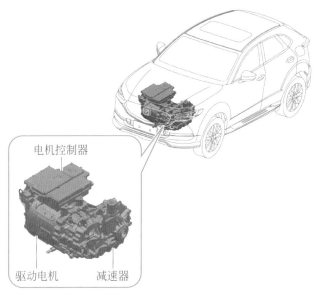

电机控制器

驱动电机　　减速器

图 3-31　电驱动系统（纯电动）

扫一扫

视频讲解

（1）驱动电机　永磁同步电机，具有驱动和发电功能，如图 3-32 和图 3-33 所示。

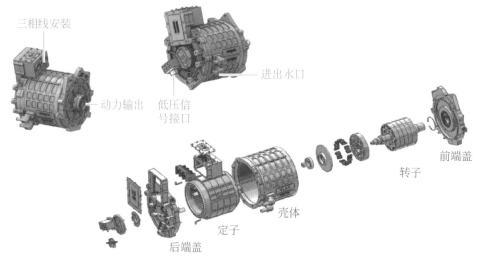

图 3-32　驱动电机结构

图 3-33　大众某款混合动力汽车驱动电机

（2）电机控制器　驱动时，将高压直流电通过 IGBT 功率模块转换成三相交流电，驱动电机输出动力给减速器；发电时，将电机线圈端产生的三相交流电通过 IGBT 功率模块转变成高压直流电，给电池充电。

（3）减速器　由左右箱体和两级齿轮副及差速器机构组成；驱动时，使电机输出转速扭矩，降速增扭后传递到驱动轴以驱动整车行驶；发电时，使整车传递到驱动轴的转速扭矩，增速降扭后传递到电机发电；实现整车转弯时的差速功能。

2. 驱动控制系统工作原理

电机控制器通过矢量控制的方式控制电机输出扭矩。通过控制 IGBT 功率模块开关管的顺序实现电机正转、反转和制动能量回收功能。驱动控制系统工作原理示见图 3-34。

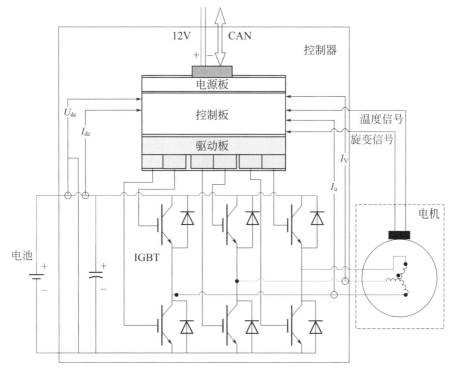

图 3-34 驱动控制系统工作原理

（1）驱动时 高压直流电通过 IGBT 功率模块转换成三相交流电，驱动电机输出动力给减速器；减速器将电机输出转速扭矩降速增扭后传递到驱动轴以驱动整车行驶（图 3-35）。

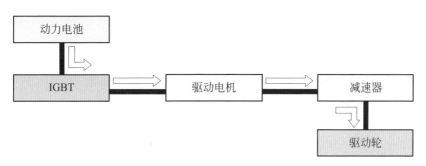

图 3-35 驱动时运转示意

（2）发电时　使车轮传递到减速器的转速扭矩，增速降扭后传递到驱动电机，驱动电机将电机线圈端产生的三相交流电通过 IGBT 功率模块转变成高压直流电，给动力蓄电池充电（图 3-36）。

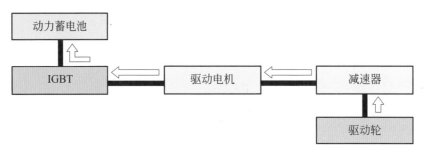

图 3-36　发电时运转示意

3. 电机控制器结构

（1）安装位置　如图 3-37 所示为电机控制器的位置。如图 3-38 所示为动力电池直流母线通过固定螺栓与电机控制器连接。

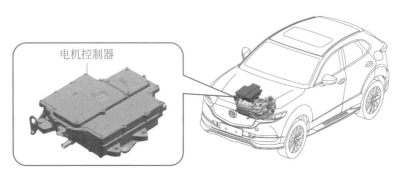

图 3-37　电机控制器的位置

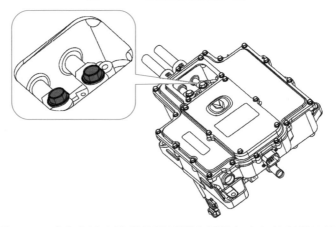

图 3-38　动力电池直流母线通过固定螺栓与电机控制器连接

（2）功能作用　电机控制器将动力电池提供的直流电转换成交流电以驱动驱动电机。将在减速期间由驱动电机产生的交流电转换成直流电，以对动力蓄电池充电。

电机控制器通过控制直流频率将直流电转换为交流电。电机控制器集成了一个三相桥式电路，该电路使用功率晶体管在直流电和交流电之间进行转换。

电机控制器与驱动电机三相动力线以固定螺母连接，三相动力线短，有效降低了 EMI 发射，而且布置在机壳内，从而具有良好的屏蔽性（图 3-39）。

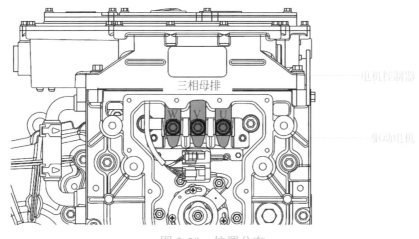

图 3-39　位置分布

如图 3-40 所示，电机控制器集成了电容器和电阻。

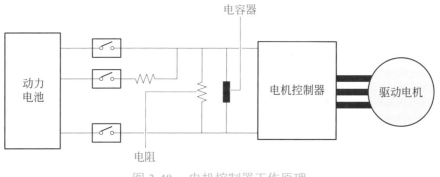

图 3-40　电机控制器工作原理

❶ 电容器。当连接动力电池接触器时，电容器可防止浪涌电流暂时流动，并消除功率晶体管的开关噪声。

❷ 电阻。当主电源关闭（正常关闭）时，高压电路中的剩余电能将通过负载电阻放电，来确保高压电路的安全性。

电机控制器具有内置的驱动电机控制模块，驱动电机控制模块控制和监视电驱动系统。

IGBT 功率模块由一个三相桥式电路组成，在 IGBT 功率模块中使用 6 个功率晶体管和 6 个二极管（图 3-41）。

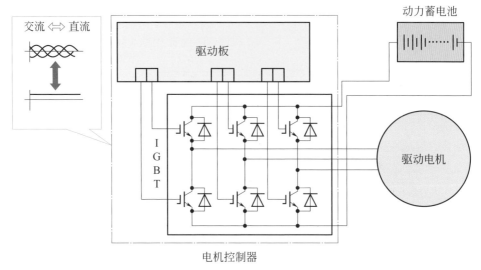

图 3-41 IGBT 功率模块

❸ IGBT 功率晶体管。功率晶体管是一种用于控制大功率电子电路的半导体元件。

由于大量电流通过时会产生大量热量，因此需要使用冷却剂进行冷却，以减小因过热引起的部件损坏和功率损失。

功率晶体管根据来自栅极驱动器的驱动信号进行操作，并从动力电池向定子线圈供电或阻止其供电。

当驱动电机控制模块向栅极驱动器输出驱动信号时，驱动电压从栅极驱动器输入功率晶体管以将其导通。

驱动电路通过 IGBT 功率晶体管的导通，动力电池电流被提供给驱动电机的定子线圈（图 3-42）。

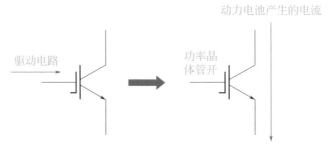

图 3-42 IGBT 功率晶体管工作示意

4. 驱动时

❶ 当驱动电机控制模块向栅极驱动器输出驱动信号时，驱动电压从栅极驱动器输入功率晶体管以将其导通。当功率晶体管导通时，来自动力电池的电流从上游流向下游。

❷ 通过间歇性地打开 / 关闭功率晶体管以控制电流频率，在定子线圈中会产生交流电。

❸ 通过更改 6 个功率晶体管的组合，将交流电传送到驱动电机各相的定子线圈。

❹ 通过执行功率晶体管的占空比控制，在定子线圈中产生接近正弦波的交流电（图 3-43）。

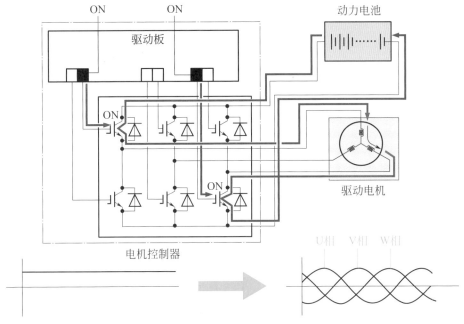

图 3-43　交流电产生示意

5. 发电时

❶ 交流电是由驱动电机的旋转产生的。

❷ 通过将交流电向逆变器中的二极管传送，进行三相全波整流，并将交流电转换为直流电。

❸ 电动机转换后的直流电输入动力蓄电池以对动力电池进行充电（图 3-44）。

6. 电流控制

根据驾驶条件和驾驶员操作计算出的要求扭矩，确定输出电流指令值，并控制功率晶体管占空比，以达到指令值。

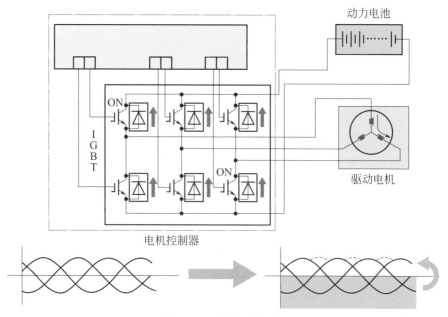

图 3-44　发电时充电

（1）输出电流大　如果增加功率晶体管导通的时间，则输出电流会增加，这使得旋转磁场更强，从而增加了驱动电机转矩。

（2）输出电流小　如果减小功率晶体管导通的时间，则输出电流会减小，这会使旋转磁场变弱，从而减小驱动电机转矩。电流控制示意如图 3-45 所示。

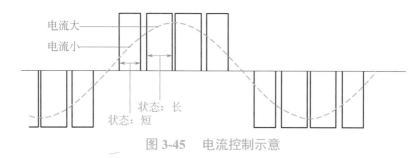

图 3-45　电流控制示意

7. 转速控制

通过更改功率晶体管的通 / 断开关频率来控制驱动电机的转速，从而改变占空比的频率。

降低频率时，驱动电机转速降低，而增加频率时，驱动电机转速提高。

（1）转速增加　当功率晶体管的通 / 断开关频率增加时，交流频率增加，这就增加了驱动电机的转速（图 3-46）。

（2）转速降低　当功率晶体管的通/断开关频率降低时，交流频率降低，这就降低了驱动电机的转速（图3-47）。

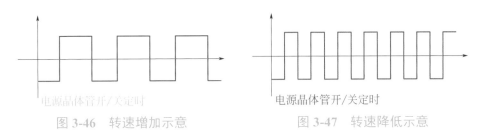

图 3-46　转速增加示意　　　　　　　图 3-47　转速降低示意

8. 电机驱动

如图 3-48 所示，驱动电机和减速器通过转子轴的花键结构连接。

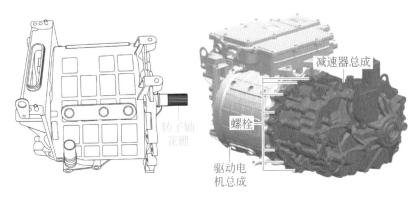

图 3-48　驱动电机和减速器连接

（1）行驶时

❶ 通过打开/关闭功率晶体管，交流电被发送到驱动电机的定子线圈。

❷ 通过将 6 个功率晶体管的输入切换到驱动电机，可以切换各相线圈的磁力方向，并在驱动电机中产生旋转磁场。

❸ 转子随着转子磁体，根据旋转磁场的方向吸引/排斥而旋转（图3-49）。

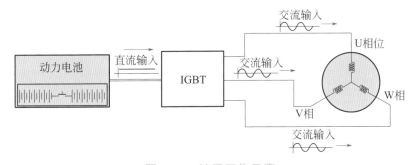

图 3-49　转子工作示意

（2）再生制动时

❶ 在减速期间，从驱动轮传递来的驱动力使转子线圈旋转，从而在定子线圈中产生交流电动势。

❷ 来自定子线圈的交流电动势输入逆变器，并通过三相波整流将其转换为直流电。

❸ 逆变器将交流电转换为直流电，从而为动力蓄电池充电（图 3-50）。

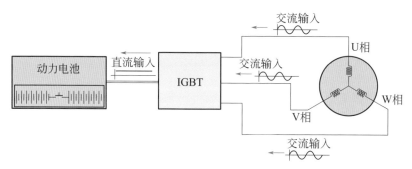

图 3-50　逆变器工作示意

（3）定子组件

❶ 驱动电机定子组件会产生磁场，从而在驱动过程中旋转转子线圈。

❷ 定子组件在再生制动期间通过旋转转子线圈来产生电流。

❸ 在驱动过程中，电流流过定子线圈，从而产生旋转磁场。

❹ 在再生制动期间，随着磁通量在转子线圈周围的变化，电磁感应作用会产生电流。

❺ 定子组件由定子铁芯和定子线圈组成。定子组件采用矩形导线分布绕组。

❻ 通过采用矩形导线分布绕组，可以流过大量电流，从而可以实现高转矩。定子线圈横截面如图 3-51 所示。

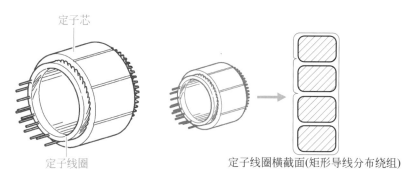

图 3-51　定子线圈横截面

❼ 如图 3-52 所示，定子线圈具有 U 相、V 相和 W 相的三相构造，并且采用星

形连接来连接线圈。

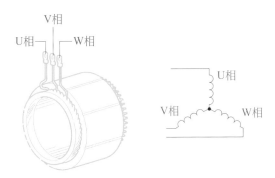

U相 V相 W相

U相
V相 W相

图 3-52 定子纹波减小结构

扫一扫

视频讲解

⑧ 驱动电机旋转时，由于转矩波动而产生噪声和振动。

⑨ 为了减小转矩波动范围，定子采用了纹波减小结构。

⑩ 如图 3-53 所示，纹波减小结构在定子的外圆周上具有凹槽，以减小转矩波动范围，从而改善噪声。

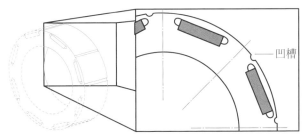

凹槽

图 3-53 纹波减小结构示意

（4）转子组件 如图 3-54 所示，转子由转子芯、转子线圈、转子轴和其他零件组成。转子采用永磁同步驱动电机（内部永磁同步驱动电机）。

在永磁同步驱动电机中嵌入永磁体转子，可以实现高扭矩和高转速。

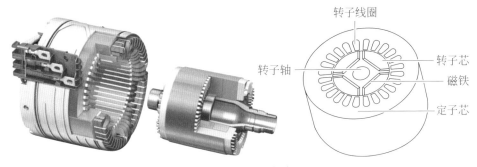

转子线圈
转子轴
转子芯
磁铁
定子芯

图 3-54 转子构成

❶ 行驶时。

a. 定子线圈产生的旋转磁场使转子线圈的永磁体吸引／排斥，从而使转子组件旋转。

b. 旋转的转子组件将旋转力传递到花键啮合的驱动桥，以旋转驱动轮。

❷ 再生制动时。

a. 来自驱动轮的驱动力传递到驱动电机，并使转子组件旋转。

b. 当永磁体改变转子线圈周围的磁通量时，会发生电磁感应作用，从而在定子线圈中产生电流。

❸ 操作方式。

a. 驱动电机的旋转方向随着每个定子线圈相的切换而改变，从而切换功率晶体管的开合。

b. 驾驶员进行变速操作时，变速位置信息从电动变速杆组件输入 VCU。

c. VCU 根据输入的换挡位置信息将驱动电机的正向／反向旋转添加到所需驱动电机转矩的计算中。

d. 逆变器切换输入定子线圈的电功率，以执行驱动电机的正向／反向旋转。

❹ 前进时。通过输入各相的电流，转子旋转并且车辆向前行驶（图 3-55）。

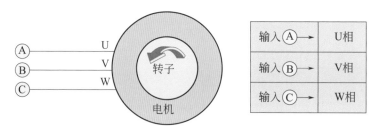

图 3-55　前进时转子工作示意

❺ 倒车时。当通过切换三相中的两相来将电流输入驱动电机定子线圈时，转子沿反向旋转，车辆倒车（图 3-56）。

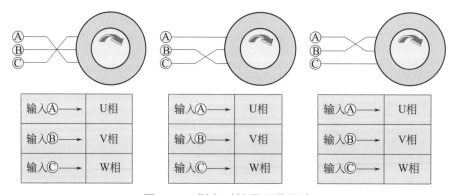

图 3-56　倒车时转子工作示意

9. 驱动电机控制模块

驱动电机控制模块将安装在变频器和驱动电机上的不同传感器发来的状态信息，通过 CAN 通信传送给各个模块。

驱动电机控制模块根据逆变器和通过 VCU 接收到的驱动电机的状态，将控制信号传输到逆变器中的功率晶体管。

如图 3-57 所示，各传感器信息输入驱动电机控制模块。传感器指标见表 3-3。

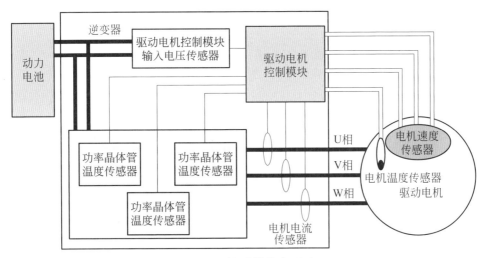

图 3-57 传感器信息示意

表 3-3 传感器指标

名称	说明
电机速度传感器	检测驱动电机的转速和旋转方向
电机温度传感器	检测驱动电机的温度，并将根据驱动电机温度变化的信号输入驱动电机控制模块
电机电流传感器	检测驱动电机中 U 相、V 相和 W 相的电流，并将信息输入驱动电机控制模块
输入电压传感器	检测从动力电池输入逆变器的电压，并将信息输入驱动电机控制模块
功率晶体管温度传感器	检测逆变器中 U 相、V 相和 W 相的功率晶体管温度，并将信息输入驱动电机控制模块

10. 电机转速传感器

电机转速传感器转子安装在与驱动电机转子组件相同的轴上。在电机转速传感器内部安置了通电线圈、输出线圈（正弦）、输出线圈（余弦）。电机转速传感器构造如图 3-58 所示。

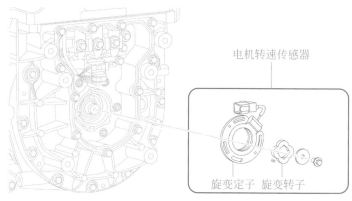

图 3-58　电机转速传感器构造

　　电机转速传感器检测驱动电机的旋转速度和旋转方向，作为控制驱动电机的三相交流电的基本信息。输出信号输入驱动电机控制模块，驱动电机控制模块通过CAN 通信将输入信号作为电机旋转信号发送到 VCU（图 3-59）。

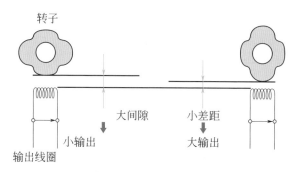

图 3-59　电机转速传感器操作方式示意

　　❶ 恒定的交流电流向通电线圈，输出线圈（余弦）和输出线圈（正弦）通过电磁感应产生与驱动电机具有相同频率的励磁电流。

　　❷ 驱动电机旋转时，输出线圈和驱动电机速度传感器转子之间的间隙，会因转子表面的凹凸而发生变化，因此输出线圈的磁通量改变，并且强度差出现在输出线圈中的峰值电压上。

　　❸ 驱动电机控制模块将输出线圈的峰值电压合并起来，并将其转换为虚拟波形，根据该波形算出转子位置、旋转方向和旋转速度。

四、整车控制系统

　　整车控制系统（VCU）根据车辆状况（例如动力电池）和油门踏板踩下量，计算得出用户的输出请求，并控制驱动电动机，从而实现用户要求的驱动力。整车控制系统控制单元见图 3-60。

图 3-60　整车控制系统控制单元

1—连接器；2—螺栓；3—VCU 控制单元

VCU 使用与充电电源类型相对应的方法控制充电，来实现对应于正常充电和快速充电的动力电池充电。

VCU 执行以下控制，以实现驾驶员要求的输出和车辆的高效运行，见表 3-4。

表 3-4　整车控制项目

控制项目		控制说明
EV 系统输出控制	驱动力控制	VCU 计算驾驶员要求的输出，依据车辆状况，将电机驱动转矩请求信号发送到驱动电机控制模块
	变频器控制	（1）VCU 通过驱动电机控制模块，驱动逆变器中的功率晶体管，以实现依据车辆状况计算出的所需电机转矩，依据车辆状况，驱动电机并产生动力 （2）当通过正常电源开关操作，使 EV 系统停止运行或从 SAS 控制模块收到安全气囊展开信号时，VCU 控制动力电池接触器切断高压电路，确保其安全性，通过驱动所有相位的功率晶体管，利用电动机消耗（放电）功率来完成高压电路的控制
电动 G 矢量控制 Plus（e-GVC Plus）		电动 G 矢量控制 Plus（e-GVC Plus）在驾驶员操作方向盘的过程中控制电机，并在方向盘返回操作过程中控制偏航力矩，以提供平稳的转弯和舒适的行驶，并增强在湿滑路面上的转向稳定性，从而实现高度的驾驶安全感
高压电路启动 / 切断控制		VCU 通过打开和关闭高压接触器来连接及切断高压电路，以确保高压部件的安全
DC/DC 转换器控制		VCU 通过 DC/DC 转换器，将动力电池的电压降低至 14V，为 12V 系统供电并为蓄电池充电
电控刹车协同控制		VCU 与电子控制制动单元配合使用，以控制制动过程中的动能，进而最大限度地将其电能回收，VCU 将实际的再生制动值发送到电子控制制动单元，电子控制制动单元计算所需的液压制动力并控制制动力

续表

控制项目		控制说明
电池监控系统		整车控制系统控制模块根据来自 BCU 的信号监测动力电池，并控制动力电池的有效使用
动力电池充电控制		动力电池充电时，保护高压电路的安全，防止动力电池老化，提高充电效率，整车控制系统控制模块，依据车辆和动力蓄电池的状况控制充电
电子锁控制		连接交流慢充枪时，整车控制系统控制模块通过充电锁止结构将充电枪锁定到车辆的充电连接器上，防止充电枪在充电过程中掉落
热管理系统控制	电池加热器控制	动力电池在极冷环境中的充放电性能显著降低，影响了驾驶性能，整车控制系统控制模块通过在极低温度下控制动力电池加热器，将动力电池加热到适当的温度，保证动力电池在极低温度下的充放电性能
	动力电池冷却控制	（1）动力电池在充电和放电时产生热量，如果高温状况持续，动力电池性能将在很大程度上退化 （2）当动力电池很热时，整车控制系统控制模块使用气候控制系统所用的制冷剂，请求热管理系统进行冷却，直到动力电池温度降至适当水平
	电动水泵控制	在运行过程中，电动汽车系统的高压部分，由于高压放电产生热量，整车控制系统控制模块通过驱动电动水泵使冷却液循环到高压部件，从而保持高压部件的适当工作温度
	冷却风扇控制	整车控制系统控制模块依据车辆状况控制冷却风扇的运转速度，以提高电动汽车系统的可靠性和冷却 / 加热性能

1. 驱动力控制

VCU 计算驾驶员要求的输出，依据车辆状况将电机驱动转矩请求信号发送到驱动电机控制模块（图 3-61）。

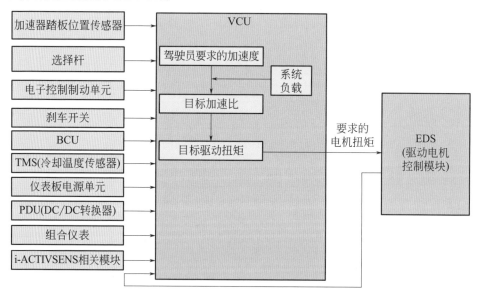

图 3-61　驱动力控制

2. 要求电动机转矩控制

（1）驾驶员要求的加速度

❶ 通过 CAN 通信输入的动力电池和电机状态来检测车辆状态。

❷ 如果在踩下加速踏板的情况下，VCU 检测到踩下了制动踏板，会将驾驶员要求的加速度更改为 0，且与加速踏板相比，可以通过提高制动操作的优先级来进行安全停车操作（制动优先功能）。

❸ VCU 基于此检测到的信息来计算驾驶员要求的加速度（图 3-62）。

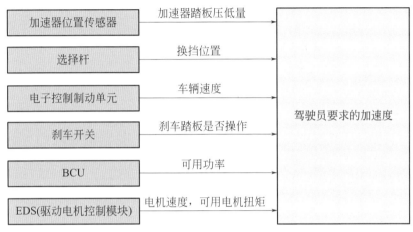

图 3-62 驾驶员要求的加速度控制示意

（2）系统负载

❶ VCU 通过冷却液温度传感器的信号，检测电动汽车系统负载产生的热量，通过气候控制系统的用电量，DC/DC 转换器的用电量，以及通过 CAN 通信输入的可用电机输出扭矩，来检测系统负载情况。

❷ VCU 根据检测到的信息计算系统负载情况（图 3-63）。

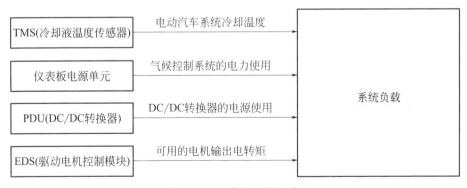

图 3-63 系统负载示意

（3）目标加速度

❶ VCU 通过 CAN 通信显示智能安全辅助系统操作状态，例如 ABS、DSC、TCS，并依据高压的可用功率计算车辆控制的操作状态，以及电池和电机产生的实际扭矩。

❷ VCU 根据驾驶员要求的加速度计算目标加速度、系统负载以及检测到的信息（图 3-64）。

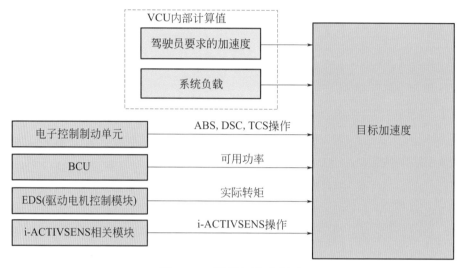

图 3-64　目标加速度示意

（4）目标驱动扭矩

❶ VCU 依据从选挡杆接收到的换挡位置，一方面通过 CAN 通信从电控制动单元输入的再生制动扭矩，来检测车辆的行驶方向和再生制动量；另一方面通过 CAN 通信，从组合仪表接收到的转向换挡信号和方向盘拨片的操作，来检测指示目标加速度的信号。

❷ VCU 依据计算出的目标加速度、旋转方向和再生制动条件来计算目标驱动力，此外，计算出的目标驱动力作为要求的电机扭矩，发送到驱动电机控制模块（图 3-65）。

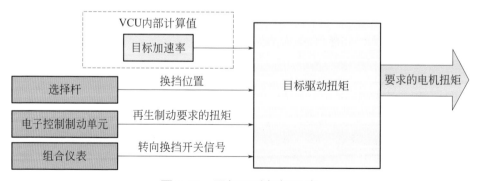

图 3-65　目标驱动扭矩示意

3. 使用方向盘拨片减速度和加速度变化

有些车辆配置的是方向盘拨杆，以此改善了油门踏板的速度控制性能，当操作方向盘左侧的减号开关（－）时，再生制动减速度增加，加速度降低；当操作方向盘右侧的加号开关（+/OFF）时，再生制动减速度降低，加速度增加。当油门踏板松开时，驾驶员可以直观地通过电机再生制动来控制减速率，在上下坡、交通拥挤、高速行驶等多种驾驶情况下，以可预测的方式控制车速。

❶ VCU 通过仪表盘和车身控制模块（CBCM）的 CAN 通信，接收转向换挡开关操作信号，利用方向盘拨片操作而实现目标加速度。

❷ 当从 D 挡操作转向开关上的减号开关（－）时，再生制动减速度按照 D▲的顺序增加，而加速度则减小。而当从 D 挡操作转向开关上的加号开关（+/OFF）时，再生制动减速度以 D▼的顺序降低，并且加速度增加。

❸ 当转向切换开关上的加号开关（+/OFF）继续被拉动一定时间或更长时间后，设定值将返回到初始设定（D 挡）。另外，在以下情况下选择的设置被取消。

a. 选挡杆从 D 挡移到任何位置。

b. 使用电源开关关闭主电源。

❹ 在巡航控制系统运行时，方向盘操纵杆操作信号被取消。

❺ 方向盘拨盘的再生制动减速度与加速度之间的关系如图 3-66 所示。

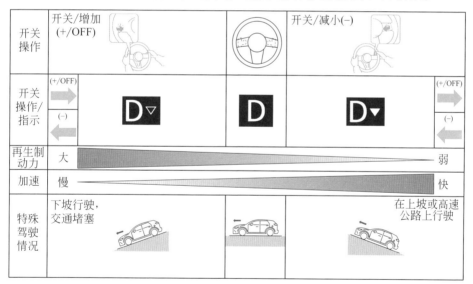

图 3-66　方向盘拨盘的再生制动减速度与加速度之间的关系

4. 高压电路启动 / 切断控制

❶ VCU 通过打开和关闭高压接触器来连接和切断高压电路，以确保高压部件的安全。

❷ 依据车辆状况，高压接触器控制执行以下 7 种类型的操作（表 3-5）。

表 3-5　高压接触器控制类型

控制类型	操作说明
电源开关联动	高压电路与电源开关的操作相连接 / 切断
碰撞时切断	发生车辆碰撞时，VCU 通过关闭高压接触器并切断高压电路的电源来确保安全
互锁开关连接切断	如果在接通主电源（READY 接通）或连接高压电路（例如在充电时）的过程中，工人不小心取下了高压部分，则 VCU 将关闭高压接触器，以确保工人的安全
动力电池充电联动	高压电路与动力电池充电的操作相连接 / 切断
动力电池冷却系统联动	高压电路与动力电池冷却系统的操作相连接 / 切断
电池加热器系统联动	高压电路与电池加热器系统的操作相连接 / 切断
远程气候控制 / 气候控制定时器联动操作	高压电路与远程气候控制 / 气候控制定时器的操作连接 / 切断

高压电路启动 / 切断控制框图见图 3-67。

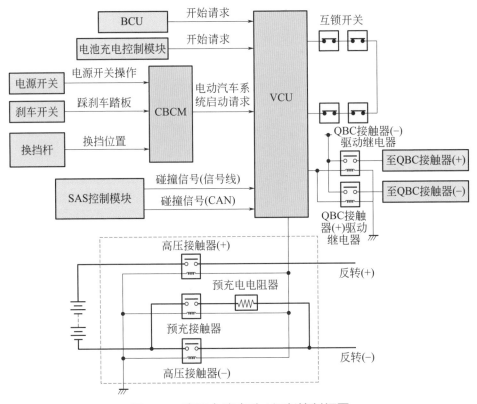

图 3-67　高压电路启动 / 切断控制框图

当接通主电源时,VCU 从车身控制模块(CBCM)接收到 EV 系统启动请求信号,VCU 按表 3-6 和表 3-7 所示的 6 个步骤打开 / 关闭高压接触器。

在连接充电枪的同时进行操作(例如,操作了电源开关),则 VCU 不接受该操作〔未达到驱动器就绪状态(READY 开启)〕,从而确保充电期间的安全性。电源开关联动工作示意见图 3-68。

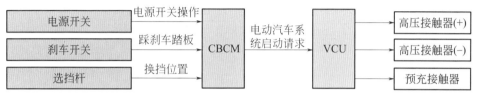

图 3-68　电源开关联动工作示意

EV 系统启动说明见表 3-6。

表 3-6　EV 系统启动说明

步骤	高压接触器(+)	预充电接触器	高压接触器(-)
—	OFF	OFF	OFF
1	OFF	ON	OFF
2	ON	ON	OFF
3	ON	ON	ON
4	ON	OFF	ON

EV 系统停止说明见表 3-7。

表 3-7　EV 系统停止说明

步骤	高压接触器(+)	预充电接触器	高压接触器(-)
1	ON	OFF	OFF
2	OFF	ON	OFF

碰撞时切断见图 3-69 和图 3-70。

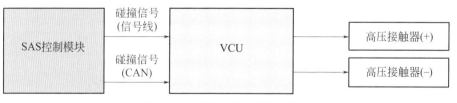

图 3-69　碰撞时切断运行示意

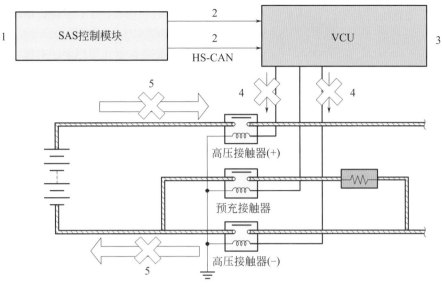

图 3-70 碰撞时切断电路示意

1—SAS 控制模块检测到碰撞，要求 SAS 控制模块操作安全气囊；2—SAS 控制模块
通过 CAN 通信和信号线发送安全气囊操作信号；3—VCU 从 SAS 控制模块接收
安全气囊操作信号；4—VCU 关闭高压接触器（＋）和高压接触器（－）的电源；
5—高压接触器（＋）和高压接触器（－）关闭，高压电路断开

当 VCU 从 SAS 控制模块接收到安全气囊激活（碰撞）信号时，它会关闭高压
接触器。

安全气囊操作（碰撞）信号使用两个系统，包括 CAN 通信和信号线，以确保
在发生碰撞时，防止车辆损坏。

5. 互锁开关连接切断（图 3-71）

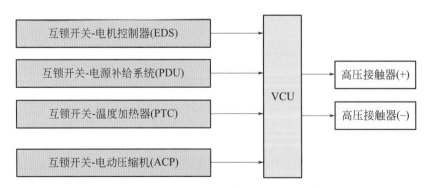

图 3-71 互锁开关连接切断运行示意

① 如果在连接高压电路时，卸下了带有内置互锁开关的零件，则互锁开关将关闭。

② 当互锁开关关闭时，VCU 关闭高压接触器。

6. 动力电池充电联动（图 3-72）

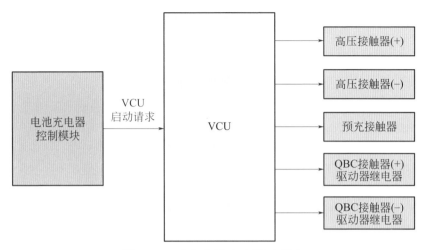

图 3-72　动力电池充电联动示意

① 在动力电池充电期间，必须连接充电系统和动力电池电路。

② 当充电连接器连接到车辆上时，充电控制单元通过 CAN 通信向 VCU 发送 VCU 启动请求信号。

③ 当 VCU 接收到启动请求时，它打开 / 关闭高压接触器，并使用与电源开关连接操作相同的程序连接高压电路。

④ 在快速充电期间，VCU 还通过 QBC 接触器、驱动继电器同时连接 QBC 接触器，且充电设备和高压电路连接在一起。

⑤ 当动力电池停止充电时，VCU 关闭高压接触器并切断高压电路。

7. 动力电池冷却系统联动（图 3-73）

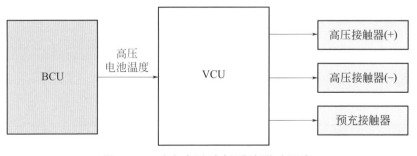

图 3-73　动力电池冷却系统联动示意

❶ 在动力电池过热时，不管主电源是否打开（"READY"开启或关闭）都会冷却动力电池，并向电动压缩机提供用于驱动的动力电池电源。

❷ 当 VCU 依据通过 CAN 通信从 BCU 输入的动力蓄电池温度，确定动力蓄电池冷却系统需要运行并且在中央显示屏上选择动力蓄电池冷却时，打开 / 关闭高压接触器，并按照与电源开关连接操作相同的步骤，断开 / 连接高压电路。

❸ 当动力电池被冷却，且动力电池冷却系统停止运行时，VCU 将关闭高压接触器并切断高压电路。

8. 电池加热器系统联动（图 3-74）

❶ 在极低的温度下，停车期间动力电池温度下降时，无论主电源是否打开（"READY"关闭或打开），都会为动力电池加热，并从高压电源给电池加热器供电。

❷ 当 VCU 通过 CAN 通信从 BCU 接收到电池加热器驱动请求，并确定电池加热器操作时，打开 / 关闭高压接触器，并按照与电源开关连接操作相同的步骤连接高压电路。

❸ 当动力蓄电池升高到指定温度，并且电池加热器停止工作时，VCU 将关闭高压接触器并切断高压电路。

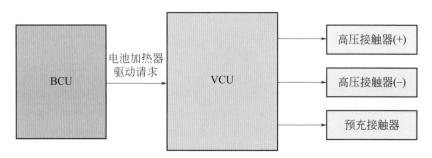

图 3-74　电池加热器系统联动示意

9. 气候控制（图 3-75）

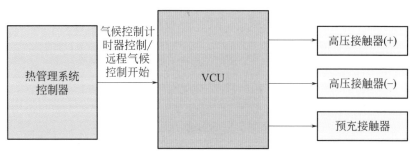

图 3-75　气候控制 / 气候控制定时器联动操作示意

❶ 在使用远程气候控制 / 气候控制计时器（机舱预处理系统）进行气候控制操作期间，无论主电源是否打开（准备就绪），都必须从动力电池向电动压缩机供电。

❷ 当 VCU 通过 CAN 通信从热管理系统控制器接收到机舱预处理系统的运行信号时，它会按与电源开关连接操作相同的步骤，打开 / 关闭高压接触器并切断高压电路。

❸ 当 VCU 通过 CAN 通信从热管理系统控制器接收到机舱预处理系统停止信号时，它将关闭高压接触器并切断高压电路。

10. 变频器控制

VCU 通过驱动电机控制模块驱动逆变器中的功率晶体管，以实现依据车辆状况计算出的所需电机转矩，依据车辆状况，驱动电动机并产生动力。

当通过正常电源开关操作 EV 系统停止运行，或从 SAS 控制模块接收到安全气囊展开信号时，VCU 不仅控制动力蓄电池接触器切断高压电路，还能确保安全性，通过驱动所有相位的功率晶体管，使电动机消耗（放电）功率，来完成高压电路的控制。

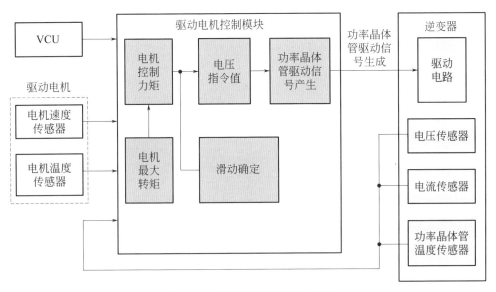

图 3-76　变频器控制工作示意

（1）电机控制转矩（图 3-77）

❶ 驱动电机控制模块输入电机温度、转速、来自逆变器的电压、驱动电机的三相交流电流和功率晶体管温度信号，并检测电机驱动系统的状况，驱动电机控制模块依据这些输入信号计算最大的电机转矩，以确保系统部件的可靠性。

❷ 驱动电机控制模块计算出的电机控制转矩，不超过 VCU 要求的最大电机转矩。

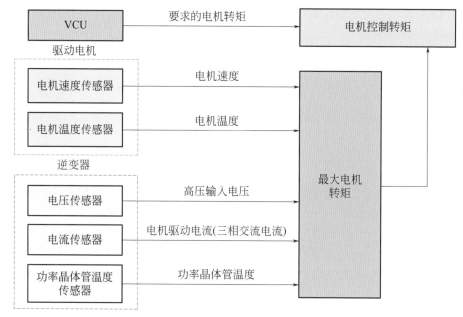

图 3-77   电机控制转矩工作示意

（2）电压指令值（图 3-78）

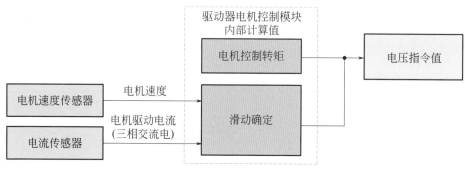

图 3-78   电压指令值工作示意

❶ 如果驱动轮自由旋转（打滑），则会产生过大的电压和过大的电流，且会损坏变频器内部。驱动电机控制模块基于电机转速和驱动电机的三相交流电流信号来确定是否发生打滑，如果驱动电机控制模块确定发生打滑，则要求减小转矩。

❷ 驱动电机控制模块依据电机控制的转矩电压指令，计算出打滑转矩降低的要求量，使电机避免发生打滑。

（3）功率晶体管驱动信号（图 3-79）

❶ 驱动电机控制模块依据电机转速，计算电机驱动频率。

❷ 驱动电机控制模块依据计算出的电压命令值，计算出的驱动频率，来生成

功率晶体管驱动信号，将生成的功率晶体管驱动信号发送到逆变器。

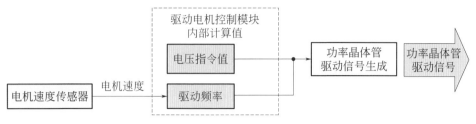

图 3-79 功率晶体管驱动信号工作示意

11. 充电补给和 DC/DC 转换器

VCU 通过电源充电系统总成中的 DC/DC 转换器将动力蓄电池的电压降低至 14V（DC），为 12V 系统供电并为蓄电池充电（图 3-80）。

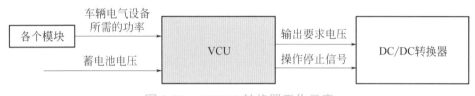

图 3-80 DC/DC 转换器工作示意

❶ VCU 通过 DC/DC 转换器将电压降低到 14V，为车灯、音频和其他辅助设备以及每个控制模块供电，并对蓄电池充电。

❷ DC/DC 转换器根据 VCU 通过 CAN 通信发送的请求电压信号，将动力电池降压输出，并输出降压后的电流。

❸ VCU 监测 DC/DC 转换器的工作状况，如果出现故障，它将发送操作停止信号，打开高压警告灯，并通知用户 DC/DC 转换器出现故障。

12. 电池监控系统

VCU 依据来自 BCU 的信号监测动力电池，并控制动力电池的有效使用（图 3-81）。

❶ BCU 通过 CAN 通信发送动力蓄电池模块温度信号，VCU 利用 TMS 执行电池加热器控制，并使用 TMS 执行动力电池冷却控制。

❷ VCU 依据 BCU 通过 CAN 通信发送的绝缘电阻值来监测高压电路中的漏电故障，当 VCU 检测到绝缘电阻降低时（泄漏），它会关闭高压接触器并切断高压电路，通过车身控制模块（CBCM）接通组合仪表中的高压警告灯，以通知驾驶员高压电路发生故障。

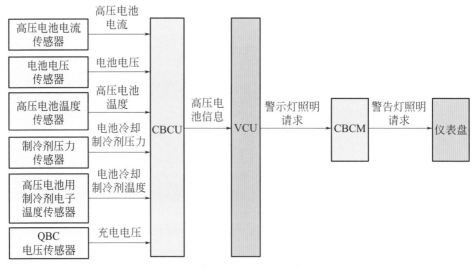

图 3-81　电池监控系统工作示意

13. 动力电池充电控制

动力电池充电时，保护高压电路的安全，防止动力电池老化，提高充电效率，整车控制系统控制模块依据车辆和动力电池的状况控制充电。

（1）正常充电（图 3-82）

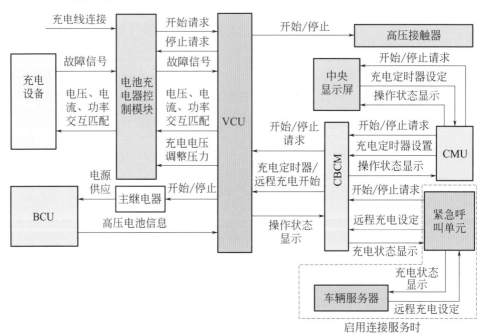

图 3-82　动力电池充电控制正常充电工作示意

（2）快速充电（图3-83）

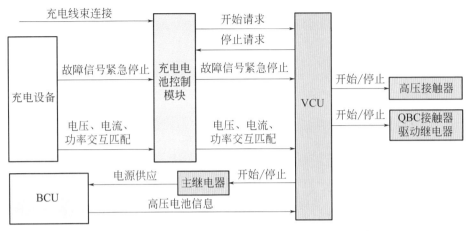

图3-83 动力蓄电池充电控制快速充电工作示意

（3）充电开始 当充电枪连接到充电座上时，充电控制单元会通过CAN通信发送启动请求信号，以启动VCU和相关模块，在确认充电电路和高压电路正常之后，VCU打开高压接触器。

（4）充电期间

❶ 打开高压接触器时，VCU将充电电源（正常充电期间）信号或传输请求信号（快速充电期间）发送到充电系统，充电系统收到此信号后，便开始传输用于充电的电力。

❷ 如果使用充电计时器设置了充电时间，则VCU将请求置于保留状态，当满足充电计时器上设置的启动条件时，车身控制模块（CBCM）向VCU发送充电开始请求，从车身控制模块（CBCM）接收到充电开始请求之后，VCU将请求信号发送到充电控制单元。

❸ VCU依据充电系统额定输出的电流量、动力蓄电池温度以及辅助设备在充电过程中的用电量，将请求的充电电流发送到充电控制单元。

❹ 在正常充电期间，车载充电器将AC电压转换为DC电压，并调节到与动力蓄电池相同的电压。

❺ 在充电过程中，VCU通过执行以下控制，将动力电池和车载充电器的温度保持在正常状态。

a.电池加热器控制。

b.动力电池冷却控制。

c.冷却风扇控制。

d.电动水泵控制。

（5）充电结束

❶ 当检测到以下任何一种情况时，VCU 确定充电已结束。

a. 动力电池上的电量超过了目标电量（完全充电或达到设定的电量水平时）。

b. 充电系统故障，充电系统插座断开或按下充电系统紧急停止按钮。

c. 检测到 EV 系统故障。

❷ 如果 VCU 确定充电已结束，它将逐渐减小向充电系统请求的充电电流，并向充电系统发送充电停止节点。

❸ 充电停止信息发送到充电设备后，VCU 关闭高压接触器，切断高压电路，并关闭充电控制模块的运行。

14. 电池加热器控制

（1）加热控制　在极端寒冷的环境中，动力电池会大大降低充电和放电性能，从而影响驾驶性能。VCU 通过将电池加热器控制在极低的温度下，将动力电池加热到适当的温度，确保在极低温度下，动力电池的充电 / 放电性能。

❶ 当 BCU 检测到动力电池温度等于或低于指定值时，通过 CAN 通信将电池加热器驱动请求信号发送到 VCU。在以下任何情况下，在收到电池加热驱动请求信号后，VCU 通过硬线唤醒 TMS。

a. 动力电池的充电状态（SOC）为指定值或更高。

b. 连接了充电接口。

❷ BCU 从 VCU 接收到电池加热器操作请求信号时，它将操作电池加热器继电器和电池加热器。

❸ 当动力电池模块温度升高到指定值时，BCU 关闭电池加热器。

❹ BCU 判定是否需要定期操作电池加热器。

（2）禁止条件　当 BCU 检测到以下任一情况时，将禁止电池加热器系统工作。

❶ 主电源未关闭。

❷ 在连接了充电连接器的情况下，车辆长时间停放。

❸ 动力电池的充电状态（SOC）为指定值或更小。

15. 动力电池冷却控制

动力电池会发热，充放电时会变热。另外，如果高温条件持续，则动力电池的性能将大大劣化。当动力电池变热时，VCU 要求 TMS 单元进行冷却，直到将动力电池温度降低到适当的水平为止。

❶ BCU 通过 CAN 通信将动力电池模块温度传感器检测到的动力电池温度发送到 VCU。

❷ BCU 通过 CAN 通信将动力电池冷却系统的制冷剂压力和温度发送到热管理系统控制器。

❸ VCU 根据从 BCU 接收到的动力电池温度确定动力电池冷却的必要性，并通过 CAN 通信将冷却请求发送到热管理系统控制器。

❹ 气候控制单元根据从 VCU 接收到的信号和从热管理系统控制器接收到的空调要求，驱动电动膨胀阀和三通阀，以切换动力蓄电池冷却，来调节制冷剂在动力电池冷却侧和空调侧的冷气流量。

❺ VCU 根据从热管理系统控制器收到的要求的压缩机速度来驱动电动压缩机。

❻ BCU 根据从热管理系统控制器收到的要求的电动膨胀阀开度来驱动电动膨胀阀。

❼ 当动力蓄电池温度达到：充电时电池温度 35℃，行驶时 39℃（乘客舱不开空调）、44℃（乘客舱开空调），冷却系统开启。

16. 电子控制的制动合作控制

VCU 与电子控制的制动单元配合使用，来控制制动过程中的动能，以便最大限度地将其作为电能回收。VCU 将实际的再生制动值发送到电子控制的制动单元，电子控制的制动单元计算所需的液压制动力并控制制动力。

五、充电系统

1. 充电系统主要部件

充电系统是纯电动汽车主要的能源补给系统，为保障车辆持续行驶提供动力能源。根据动力电池的实时状态控制启动充电和停止充电，并根据动力电池的电量、温度控制充电电流的调节和动力电池加热。

充电系统分为快充和慢充两种充电方式，使用快充方式给电动汽车充电时，必须使用直流充电插座；使用慢充方式给电动汽车充电时，必须使用交流充电插座。充电系统组成见图 3-84。

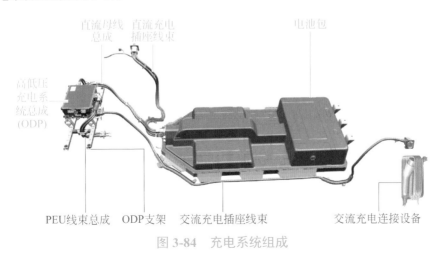

图 3-84　充电系统组成

（1）车载充电机　车载充电机将220V交流电转换为动力电池的直流电，实现电池电量的补给（图3-85）。

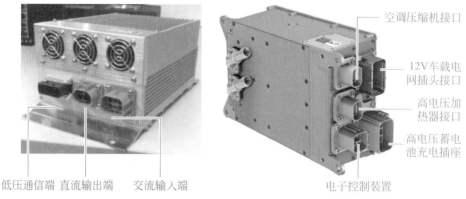

低压通信端　直流输出端　交流输入端

空调压缩机接口

12V车载电网插头接口

高电压加热器接口

高电压蓄电池充电插座

电子控制装置

图3-85　车载充电机

车载充电机总成是固定在电动汽车上，将公共电网的电能转换为动力电池包要求的直流电，并给动力电池包充电的设备。车载充电机在工作过程中根据动力电池包的需求输出适当的电流和电压，防止对动力电池包进行过度充电或使充电时间过长。

❶ 充电。

a.唤醒上电：车载充电机检测到充电连接信号CC、充电引导信号CP后，将在300ms内进行初始化，初始化后车载充电机能够通过12V硬线输出唤醒电池管理系统并进入待机模式。

b.开始充电：车载充电机根据电池管理系统通过CAN发送的充电命令开始充电，并根据电池管理系统发送的电压和电流值的需求进行输出，当需求值超出车载充电机自身能力时，按照最大能力输出。

c.充电完成：当车载充电机接收到电池管理系统通过CAN发送的充电结束命令时，车载充电机会切断高压直流输出、12V硬线停止输出、保存故障码。

❷ 被动放电。

a.车载充电机交流输入侧具备被动放电功能，当充电完成或其他原因导致的充电停止时，车载充电机会在1s内将交流电电压泄放至60V以下。

b.车载充电机直流输出侧具备被动放电功能，当充电完成或其他原因导致的充电停止时，车载充电机会在5s内将直流电电压泄放至60V以下。

❸ 高压互锁。车载充电机被动地接入高压互锁回路中，高压直流输出接插件提供高压互锁信号，由信号接插件引出到整车端进行检测。如果高压互锁回路被中断或者高压连接器被移走，高压保护将消失。高压互锁信号由整车控制系统产生和计算。

（2）直流充电插座　直流充电插座（接口）是通过与直流充电枪耦合传递电能

到动力电池包的部件，其具有机械锁止结构，防止在充电过程中直流充电插头意外断开。

车辆插头和车辆插座在连接过程中触头耦合的顺序为：保护接地，充电连接确认（CC2），直流电源正与直流电源负，低压辅助电源正与低压辅助电源负，充电通信，充电连接确认（CC1）。在脱开的过程中则顺序相反。

（3）交流充电插座　交流充电插座（接口）是通过与交流充电枪耦合传递电能到动力电池包的部件，其具有机械锁止结构，防止充电过程中交流充电枪意外断开。

（4）充电电缆　充电电缆是连接交流充电插座和电网的部件，其主要由线上控制盒、交流充电接口、插头组成。充电电缆具有过流保护、过 / 欠压保护、漏电保护、PWM 输出等功能，主输出采用双路继电器控制。

2. 直流高压充电（快充）

直流高压充电也就是所谓的快充，快充充电大概在 30min 可充电 80%。当直流充电设备接口连接到整车直流充电口时，直流充电设备发送充电唤醒信号给 BMS，BMS 根据动力电池的可充电功率，向直流充电设备发送充电电流指令。同时，BMS控制高压正极继电器和高压负极继电器吸合，动力电池开始充电。

电网中的电能被充电桩转换成直流电，经过直流充电插座和高压配电盒给动力电池包充电；快充具有充电时间短、充电电流大等特点。直流充电能量传递路径见图 3-86。

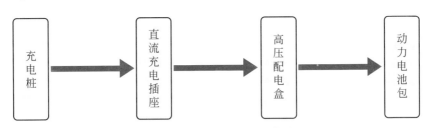

图 3-86　直流充电能量传递路径

快充充电流程见图 3-87。

3. 交流高压充电（慢充）

交流高压充电也就是所谓的慢充。当车辆处于交流充电模式下，ACM 检测交流充电接口的 CC、CP 信号（充电枪插入、导通信号）并唤醒 BMS，BMS 唤醒车载充电机并发送指令充电，同时闭合主继电器，动力电池开始充电。慢充的充电时间大概为 12h。

电网中的交流电，经过充电电缆传送到车载充电机，由车载充电机将交流电转换成直流电，最后经过高压配电盒给动力电池包充电；慢充具有充电时间较长、充电电流较小等特点。交流充电能量传递路径见图 3-88。

图 3-87　快充充电流程

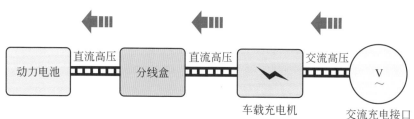

图 3-88　交流充电能量传递路径

慢充充电流程见图 3-89。

图 3-89　慢充充电流程

4. 低压充电

低压充电系统部件包括 12V 铅酸蓄电池、电机控制器、分线盒和动力电池。高压上电前，低压电路系统依赖 12V 铅酸蓄电池供电；高压上电后，电机控制器将动力电池的高压直流电转换成低压直流电为 12V 铅酸蓄电池充电（图 3-90）。

5. 智能充电

车辆具有给低压蓄电池智能充电的功能，车辆在动力电池电量充足时，可以满

扫一扫

视频讲解

足长时间停放要求。当 BCM 检测电池电量偏低时，会主动触发上高压电功能，可以通过高压动力电池给低压蓄电池补充电量。

图 3-90　低压充电示意

长期停放的车辆容易造成低压蓄电池馈电，若低压蓄电池严重馈电将会导致车辆无法启动上电。为避免这个问题，有些车辆具有智能充电功能。车辆停放过程中辅助控制器（ACM）将持续对电源蓄电池电压进行监控，当电压低于设定值时，ACM 将唤醒 BMS，同时 VCU 也将控制电机控制器通过 DC/DC 对低压蓄电池进行充电，防止低压蓄电池馈电。智能充电示意见图 3-91。

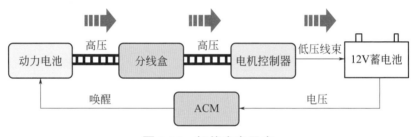

图 3-91　智能充电示意

6. 制动能量回收

能量回收系统包括制动开关、动力电池、驱动电机、整车控制器、高压线束等部件。能量回收系统是在车辆滑行或制动过程中，驱动电机从驱动状态转变成发电状态，将车辆的动能转换为电能储存在动力电池中。

车辆在滑行或制动时，VCU 根据当前动力电池状态和制动踏板位置信号，计算能量回收扭矩并发送指令给电机控制器，启动能量回收。如图 3-92 所示，制动能量回收传递路线与能量消耗相反。

图 3-92　制动能量回收路径示意

制动能量回收过程中，电机消耗车轮旋转的动能，发出交流电后再输出给电机控制器，电机控制器将交流电转换成直流电给动力电池充电。

六、电动空调压缩机

1. 功能

压缩机作为制冷回路的泵，在系统中起吸入、压缩和排出制冷剂，使制冷剂循环流动的作用。电动空调压缩机（图 3-93）使用内置的电机作为驱动源，通过旋转可动卷轴来压缩气态制冷剂，它还将压缩的制冷剂发送到冷凝器。电动空调压缩机在制冷剂循环中对气态制冷剂进行压缩和循环。

图 3-93　电动空调压缩机

2. 结构

如图 3-94 所示是电动空调压缩机的结构，由逆变器、电动机和压缩机组成。

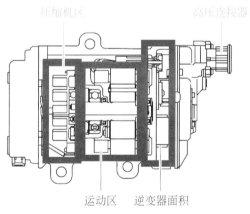

图 3-94　电动空调压缩机的结构

（1）逆变器　将直流电压从高压蓄电池转换为三相交流电压。

（2）电动机　通过逆变器的三相交流电压旋转，并通过轴将驱动力传递给压缩机。

（3）压缩机　可移动的涡旋由电机驱动，完成制冷剂的吸入、压缩和排出。电动空调压缩机工作原理如图 3-95 所示。

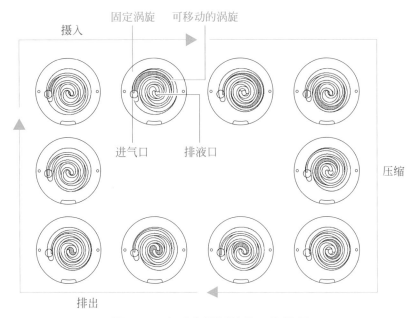

图 3-95　电动空调压缩机工作原理

3. 制冷原理

电动汽车的空调制冷原理与传统汽车一样：在压缩机和节流装置的作用下，从车内吸热向环境放热（图 3-96）。

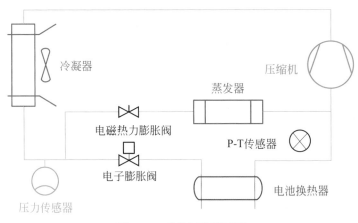

图 3-96　制冷原理示意

（1）压缩过程　压缩机将蒸发器低压侧的低温、低压气态制冷剂压缩成高温、高压的气态制冷剂，送往冷凝器冷却降温。

（2）冷凝过程　送往冷凝器的过热气态制冷剂与外界空气进行热交换，制冷剂被冷凝成中温、高压的过冷液态制冷剂。

（3）膨胀过程　冷凝后的液态制冷剂经过膨胀阀节流，其压力和温度急剧下降，变成低温、低压的饱和湿蒸气，以便进入蒸发器中迅速吸热蒸发。

（4）蒸发过程　液态制冷剂通过膨胀阀变为低温、低压的湿蒸气，流经蒸发器不断吸热气化转变成低温、低压的气态制冷剂。从蒸发器流出的过热气态制冷剂又被吸入压缩机，增压后泵入冷凝器冷凝，进行制冷循环。

4. 采暖原理

（1）混合动力汽车采暖　供暖系统采用水暖式制热，混合动力模式时通过发动机冷却液制热，EV 模式时通过 PTC 模块加热冷却液制热（图 3-97）。供暖系统主要由 PTC、暖风电动水泵、热交换器、暖风水管、鼓风机、风道及控制机构等组成。

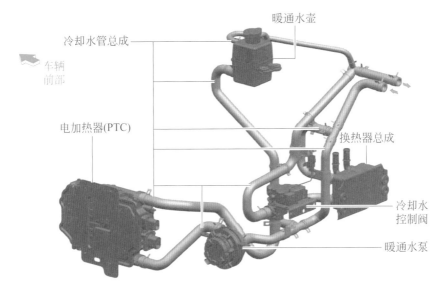

图 3-97　暖通系统回路

❶ 混合动力模式下：发动机工作时，被发动机气缸高温加热的冷却液在发动机冷却系统水泵的作用下，经暖风进水管进入热交换器，通过鼓风机吹出的空气将冷却液散发出的热量送到车厢内或风窗玻璃，用以提高车厢内温度或除霜。在热交换器中进行了散热过程的冷却液经暖风出水管被水泵抽回，如此循环，实现暖风供热。

❷ 纯电动模式下：PTC 加热冷却液，电加热器总成由控制部分、发热部分和

冷却液交换部分组成，接口包含电气接口和安装接口。通过暖风电动水泵使加热后的冷却液经暖风进水管进入热交换器，通过鼓风机吹出的空气将冷却液散发出的热量送到车厢内或风窗玻璃，用以提高车厢内温度和除霜。在热交换器中进行了散热过程的冷却液经暖风出水管被暖风电动水泵抽回，如此循环，实现暖风供热。

（2）纯电动汽车采暖　如图 3-98 所示，纯电动汽车采暖：水加热器加热冷却液，高温冷却液在水泵的驱动下，流经暖风芯体和水 - 水换热器，分别给车室和电池加热。通过三通阀 2 调节流经暖风芯体和水 - 水换热器的冷却液流量，控制车室和电池的加热量。通过五通阀进行冷却液补充和返气。

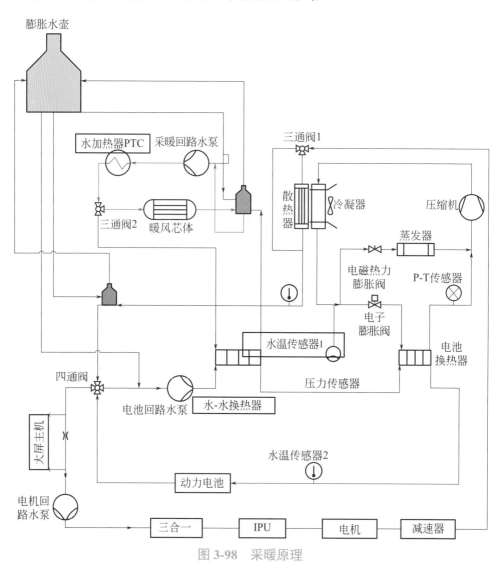

图 3-98　采暖原理

七、冷却系统

如图 3-99 所示是混合动力汽车高压冷却机舱布局。

图 3-99　混合动力汽车高压冷却机舱布局

A—发动机冷却液补偿罐；B—高电压冷却系统补偿罐；C—高压蓄电池热交换器

如图 3-100 所示，整车热管理系统冷却由 3 部分组成：电池热管理系统、强电冷却系统和空调加热系统。

图 3-100　整车热管理系统结构

1. 电池热管理系统

电池热管理系统由制冷系统和加热系统组成。电池热管理系统配置智能温控系统,保障电池处于最佳温度区间。系统可实现充电加热、充电冷却和行车冷却。电池冷却／加热回路见图 3-101。

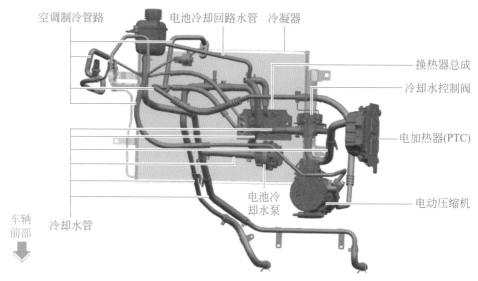

图 3-101　电池冷却／加热回路

（1）电池冷却　冷媒流经电池冷却器,与电池冷却器电池侧冷却液进行热交换,从而降低动力蓄电池进水温度,实现电池冷却功能（图 3-102）。

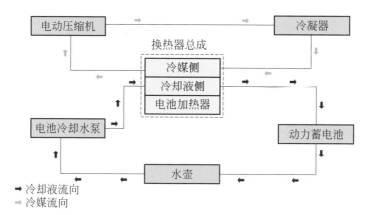

图 3-102　电池冷却示意

（2）电池加热　加热器加热后的冷却液,流经电池冷却器,与电池侧的冷却液进行热交换,从而升高动力蓄电池进水温度,实现电池加热功能（图 3-103）。

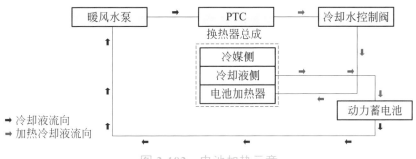

图 3-103　电池加热示意

2. 驱动电机冷却系统

驱动电机冷却系统（也称强电冷却系统）的作用是保障电机、电机控制器、电源（三合一）不高于温度限值。

冷却液流经强电系统后，流入散热器。散热器通过迎面风及冷却风扇来实现液气换热，降低冷却液温度。

电机冷却回路见图 3-104，强电冷却示意见图 3-105。

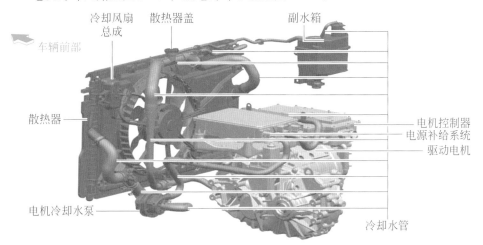

图 3-104　电机冷却回路

图 3-105　强电冷却示意

第四节	**熟练维护和检查高概率作业**

一、高压上下电

上下电控制原理示意如图 3-106 所示。

1. 高压下电

高压下电是指通过控制高压回路继电器的动作，切断高压部件的供电电源，使高压回路处于断开状态，保证正常安全。紧急下电操作是维修中比较常用的一种下电方式。

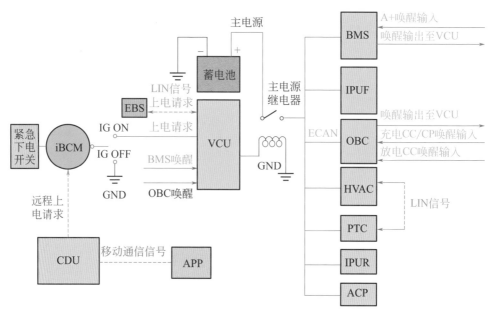

图 3-106　上下电控制原理示意

（1）下电操作

❶ 正常下电操作。停车，挂 P 挡，松开安全带，离车，按钥匙开关锁车，进入正常下电流程。

❷ 紧急下电操作。长按顶棚紧急下电按钮 5s 以上，进入紧急下电流程。如果需再次上电，踩制动踏板即可。

（2）高压下电过程

❶ 高压下电发起。驾驶员离车，关车门，闭锁，车身控制模块识别到用户

的下电意图，断开 KL15 继电器，整车控制器识别到该信号，认为整车有下电需求。

❷ 负载关闭。整车控制器识别到整车下电需求后，会先关闭整车负载，让 DC/DC、压缩机、PTC 停机。

❸ 高压回路断开。待确认负载停机后，整车控制器发起高压下电请求，电池管理器执行下电动作，断开高压主回路，待高压继电器断开后，整车控制器发送主动放电指令给电机控制器，电机控制器在一定时间内将高压回路的电降低到安全电压范围以内，当电压小于安全电压值时，停止主动放电，靠被动放电将回路剩余的电量消耗掉。

❹ 低压回路断开。主动泄放完成后，整车控制器会断开主继电器，此时高压系统各部件将进入休眠状态，待整车网路满足休眠条件后 VCU 进入休眠状态。

2. 高压上电

（1）目的　高压上电是指通过控制高压回路继电器的动作，使电池包的电量给高压部件供电，保证高压部件能正常工作的过程。

（2）高压上电过程

❶ 唤醒。当车身控制模块检测到用户有上电需求后，通过控制 KL15 继电器吸合，唤醒整车控制器，整车控制器初始化完成后，控制主继电器吸合，给高压系统各部件进行低压供电。

❷ 防盗验证。车身控制模块在 KL15 继电器吸合后将电源模式置成 ON，等待一定时间后发起防盗认证请求，当防盗认证通过后，整车控制器判断同时满足以下条件，则发起高压上电请求。

a. 蓄电池供电正常。

b. 开车门且防盗认证通过，或插入充电枪或插入放电枪或低压蓄电池亏电。

c. 无高压系统故障。

d. 没有锁存碰撞故障。

e. 高压系统部件高压线连接正常。

f. 车辆总线通信正常。

❸ 预充。电池管理器收到整车控制器的高压上电请求后，会接合预充回路，给高压负载进行预充。

❹ HV ON 状态。当预充完成后，电池管理器吸合主正继电器，断开预充回路，高压上电完成，同时整车控制器会给 DC/DC 发送工作允许指令。

❺ Ready。处于 HV ON 状态后，钥匙在车内，踩下制动踏板并挂入可行驶的挡位，整车控制器发送 Ready 指示灯信号给仪表，提示用户整车进入可行驶状态；此时用户松开制动踏板，整车能以一定的速度前进或者后退。

3. 主要部件控制策略

纯电系统由动力电池、电机控制器、电机、减速器、集成式车载电源三合一、整车控制器、空调压缩机、PTC等部件组成，具有纯电驱动、能量回收、交流充电、交流放电和直流充电等功能。

（1）四驱车型　见图3-107。

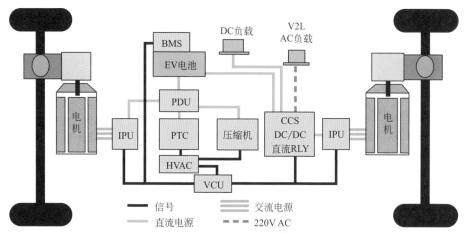

图 3-107　四驱车型

（2）两驱车型　见图3-108。

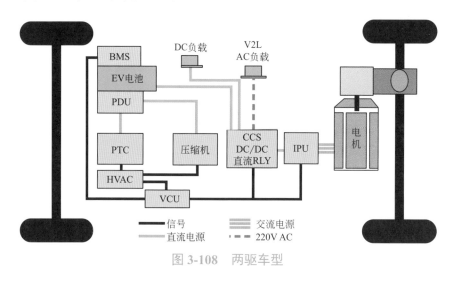

图 3-108　两驱车型

（3）主要部件说明　高压部件见表3-8。

表 3-8　高压部件

部件		主要功能 / 说明
整车控制器	VCU	（1）控制纯电系统状态，包括高压下电、高压上电、行驶、交流充电、交流放电、直流充电等 （2）不同驾驶模式下的驱动和能量回收转矩控制 （3）电动系统热管理
动力电池	EV Battery	（1）为电动系统提供能量 （2）动力电池包内具有继电器组，可以切断动力电池对外连接
动力电池管理系统	BMS	（1）动力电池安全监控，包括过流、过压、过温 （2）动力电池 SOC 估计、SOH 估计、SOP 估计 （3）继电器组控制 （4）交流充电和直流充电控制
电机控制器	IPU	按照 VCU 的转矩请求，控制电机输出转矩，包括驱动和发电两种工作模式
车载充电机	OBC	（1）识别交流充电枪，接收交流充电口（AC 充电）的单相交流电流，转换为与电池电压匹配的直流高压，为电池充电 （2）识别交流放电枪，将电池高压直流电转换为家用 220V 交流电（适用于高配车型）
直流 / 直流转换器	DC/DC	将输入端的高压直流电转换为低压直流电，为蓄电池充电，为低压负载供电
电动压缩机	Compressor	制冷，用于车内空调制冷和电池包冷却
PTC	PTC	制热，用于车内空调制热和电池包加热
空调系统	HVAC	控制制冷、制热等功能

❶ VCU。

a. 根据驾驶员上下电要求，控制高压上下电。

b. 根据充电枪连接状态、动力电池状态、大屏充电模式，控制充电流程。

c. 根据驾驶员挂挡动作，进行挡位切换。

d. 根据驾驶员踩加速踏板深度、制动踏板深度、动力电池、电机等部件状态，进行扭矩控制。

e. 根据驾驶员操作巡航动作，进行巡航控制。

f. 根据驾驶员切换大屏驾驶模式、能量回收模式，进行模式切换。

g. 根据高压部件温度状态，控制水泵、散热风扇，进行热管理。

h. 故障诊断。

❷ BMS。

a. 接收 VCU 高压上下电指令，控制主正、主负、预充接触器，进行高压上下电。

b. 接收 VCU 充电指令，慢充时与车载充电机通信，快充时与直流充电桩通信。

c.SOC（电荷状态）估计、SOH（健康状态）估计、SOP（功率状态）估计。

d. 故障诊断。

❸ IPU。

a. 接收 VCU 模式指令，进行模式切换。

b. 扭矩控制模式下，接收 VCU 扭矩控制命令，将高压直流电转化为三相交流电驱动电机转动。

c. 高压断开后的主动泄放和被动泄放。

d. 故障诊断。

❹ DC/DC。

a. 接收 VCU 的工作指令和输出电压电流请求，将高压直流电转化为低压直流电，为蓄电池充电和整车低压电气系统供电。

b. 故障诊断。

❺ CCS。

a. 接收 BMS 充电使能和充电电压、电流信号，将 220V 交流电转化为高压直流电为动力电池充电。

b. 故障诊断。

❻ HVAC。接收 VCU 指令，进行空调控制。

❼ PTC。

a. 乘员舱加热：接收 HVAC 控制指令，根据功率请求，调控内部开关管的导通或关闭，进行功率调节。

b. 电池加热：接收 VCU 控制指令，根据功率请求，调控内部开关管的导通或关闭，进行功率调节。

二、动力电池维护和检查

1. 动力电池维护注意事项

❶ 勿让动力电池完全放电，即使车辆不行驶，动力电池也会持续缓慢放电，为车载电子设备供电。这种情况下，要保证车辆的动力电池具有足够电量。

❷ 车辆长期停放前，确认动力电池的电量处于 50% ～ 80% 较充足的范围。

❸ 每停放三个月必须进行一次维护，将动力电池电量充至 80%，再将车辆停放。

❹ 车辆停放时间超过三个月，需在使用前确认无动力电池相关警告灯点亮或

警示信息，如果有应及时检查和排除。

⑤ 电池维护过程中，应监控电池单体电压及温度，并对电池强制通风。

⑥ 电池维护过程中，监控温度不得超过 55℃，若监控温度超过 55℃，需停止维护，待温度下降至 25℃后再进行维护。

⑦ 电池维护过程中，如果发现存在以下任何一种情况，需停止维护，并及时处理。

a. 电池单体温度高于 55℃。

b. 电池单体电压低于截至电压 u_1。

c. 0.5C 充电 60min 过程中电池电压达到 U_2 或电池单体电压达 u_2。

d. 电池出现过热、冒烟、冒火花的迹象。

e. 电池出现损坏，如破裂、零电压、漏液以及漏电现象。

2. 电池维护要求

可正常使用的电池单体 / 模组及总成充放电维护技术要求，见表 3-9。

表 3-9　列举某电池技术要求参数　　　　　　　　　单位：V

环境温度 T	U_1	U_2	u_1	u_2
10℃≤ T < 55℃	268.8	412.8	2.8	4.3
-20℃≤ T < 10℃	201.6	412.8	2.1	4.3
-30℃≤ T < -20℃	192	412.8	2.0	4.3

电池维护前应无如下异常。

① 电池电压低于截止电压 U_1。

② 电池单体温度高于 55℃。

③ 电池单体电压低于截止电压 u_1。

3. 电池维护方法

① 为了防止过放电发生，电池应定期充电。

② 针对仓储电池单体及模组，每 6 个月需对其进行一次维护。具体方法为：0.5C 放电至截止电压 U_1 或单体截止电压 u_1（以先到的为准），搁置 30min；再以 0.5C 充电 60min。

4. 整车电池维护方法

① 针对整车长期搁置存放的情况，同样需要对搭载的电池系统进行维护。

② 每搁置 6 个月时间，需对电池单体电压进行检测，对电池压差满足补电标准的电芯进行单体补电，相关要求操作参见电池补电方法。完成维护后填写电池维护

跟踪表。

❸ 每搁置 12 个月时间，需对电池系统进行充放电操作，0.5C（或以下）放电至截止电压 U_1 或单体截止电压 u_1（以先到为准），搁置 30min；慢充充电至 55％±5％范围，填写电池维护跟踪表。

5. 电池模组补电

（1）补电标准　按照电池生产厂家的技术参数进行补电，举例见表 3-10。

表 3-10　单体电池参数

电池额定容量	单体电压范围	补电标准（静态压差）
174A·h	2.8～4.3V	70mA

（2）补电流程　补电流程见图 3-109。

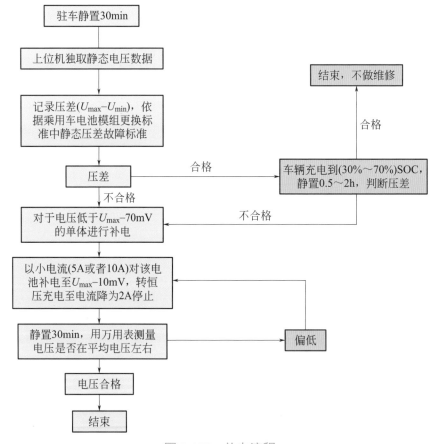

图 3-109　补电流程

维修提示

建议把车充到（30%～70%）SOC，静置 2h 后，再用上位机读取静态压差数据。

三、电池均衡充电方法

1. 充电

使用充电桩对电池总成进行充电，达到以下任何一个条件时停止充电。

❶ SOC 值达到 100%。

❷ 单体电压达到 4.3V。

2. 均衡补电

当电池总成内最高单体电压与最低单体电压间的差值超过 100mV 时，需对电池进行均衡补电，补电对象为电压低于最高单体电压减去 100mA 的电芯，使用单体均衡设备以小电流（2A）对低压电芯进行恒流充电，至该电芯与模组内其余电芯的平均电压一致为止。

四、电池模组维修

1. 静态压差故障

针对车辆出厂 6 个月或者 10000km 以内（先到为准），在 30%～70%（表显）范围内，如果出现静态压差大于 120mA，则更换故障模组；针对车辆出厂 6 个月或 10000km 以外，在 30%～70%（表显）范围内，如果出现静态压差大于 200mA，则更换故障模组。

2. 采样故障

❶ 采样板如果采用可拆卸的 PCBV 板，分析确认为采样异常，则优先更换 PCBV 板，若更换之后故障再现，则更换模组。

❷ 采样板如果采用的是 FPC 键合形式，分析确认为采样异常，则更换模组。

3. 机械故障

❶ 碰撞导致模组上盖损坏的，更换模组上盖。

❷ 碰撞导致模组侧板产生小于 2mm 的较浅划痕，对模组进行绝缘耐压和电芯

电压测试，若绝缘耐压 >500mV，电芯电压和碰撞前相比无异常，则正常使用；若功能测试不合格，则直接更换。

③ 其他类型的模组碰撞，即肉眼可见模组有明显划痕、磕碰、变形或者模组跌落，则更换模组。

④ 对于进水模组，先对进水模组进行干燥处理（禁止高温烘烤，温度≤55℃），烘干之后，进行模组功能测试，若绝缘耐压和电芯电能参数无异常则可使用。

4. 电池模组更换

动力电池最小更换单元为电池模组。电池模组压差更换流程见图3-110。

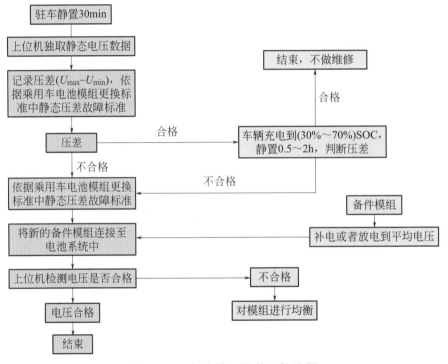

图 3-110　电池模组压差更换流程

五、维修开关拆装

1. 维修开关拆卸

❶ 打开前机舱盖。

❷ 断开蓄电池负极电缆。

❸ 列举某车型维修开关安装位置，拆卸维修开关。

a. 打开副仪表储物盒盖板。

b. 拆卸副仪表板储物盒。

c. 用拇指按住维修开关把手卡扣，其余手指按住把手，垂直拔出维修开关插头（图 3-111）。

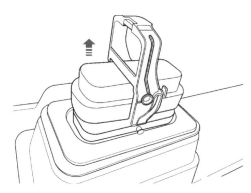

图 3-111 打开维修开关

d. 关闭副仪表储物盒盖板。

注意：防止异物落入维修开关插座造成维修开关短路。

2. 安装维修开关

❶ 安装维修开关。

a. 打开副仪表储物盒盖板。

b. 连接维修开关。

c. 安装副仪表板储物盒。

d. 关闭副仪表储物盒盖板。

❷ 连接蓄电池负极。

❸ 关闭前机舱盖。

六、充电操作

1. 充电方式

纯电动汽车有两种充电方式，即交流充电和直流充电，也就是有两个充电接口。而大多数的插电式混合动力汽车只有一个交流充电口，不可以直流充电。

动力电池充电完成所需时间，因充电方式、剩余电量、实时温度、使用时间、环境温度等条件而变化。

2. 充电模式

（1）预约充电　按照设置的充电时间对车辆定时充电。

（2）即时充电　充电接口插合后或通过操作后即开始进行充电。

3. 家用便携式交流充电

（1）设备说明

❶ 交流充电连接装置是随车配送的，将车辆与家用标准 220V、50Hz、10A 单相两极带接地插座相连，为车辆充电。

❷ 应选用符合国家标准的家用插座，避免因大功率充电导致线路破坏和保护跳闸，影响其他设备的正常使用。充电时间：按照组合仪表上的充电时间提醒。

如图 3-112 所示是比亚迪某款 EV 家用便携式交流充电器，设备规格为 220V（AC）、50Hz、8A。该装置由符合国家标准的供电插头、充电枪、充电枪保护盖、充电线缆组成。供电插头连接家用标准供电插座，充电枪连接车辆充电口。

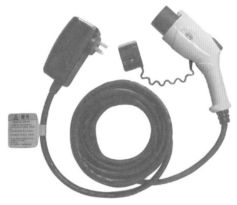

图 3-112　比亚迪某款 EV 家用便携式交流充电器

维修提示

① 设备必须接地良好，如果充电设备出现故障或者损坏时，接地线可提供最小阻抗电路放电从而减少触电的危险。设备装有设备接地点与供电插头接地点相连的接地线，供电插头必须与安装正确且接地良好的供电插座互配。

② 充电时，充电连接线不能盘放，否则会影响散热。

③ 不建议使用外加的电线或者适配器 / 转接器。如果一定要外加转接，请选择合适的线径（≥1.5m 的电线），且适配器 / 转接器参数需满足要求。

（2）充电操作

❶ 解锁充电口盖，打开充电口盖、充电口保护盖。

a. 解锁充电口盖：整车解锁，按下充电口盖即可将其打开。

b. 将充电口保护盖打开（图3-113）。

图3-113 打开充电口保护盖示意

❷ 连接供电口端。将"三转七"的供电插头插入家用插座中，"三转七"电源指示灯长亮（红色灯），如果车辆检测到充电连接完成，则绿色灯长亮。

❸ 连接车辆接口。

a. 将"三转七"的充电枪连接至充电口，并可靠锁止（图3-114）。

图3-114 连接"三转七"充电枪

b. 插好充电枪，组合仪表充电连接指示灯点亮。"三转七"充电指示灯会闪烁（绿色灯）。

❹ 充电过程中，仪表显示相关充电参数，同时显示充电画面。此时可以通过仪表设置预约充电，设置流程详见组合仪表预约充电功能设置。

（3）停止充电操作指南

❶ 结束充电。

a. 车辆电量充满会自动结束充电。

b. 如需提前结束充电则直接进入下一步。

❷ 断开充电口连接（图 3-115）。

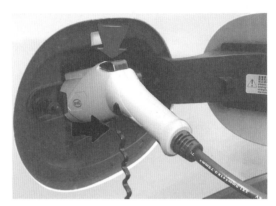

图 3-115　断开充电口连接示意

a. 如果电锁工作模式为停用防盗，则直接按下充电枪的机械按钮，拔出充电枪。

b. 如果电锁工作模式为启用防盗，需要按钥匙解锁按钮或按下门把手上的微动开关（钥匙在附近时），再按下充电枪的机械按钮，拔出充电枪。

维修提示

① 整车解锁，按钥匙解锁按钮（OFF 挡充电时）或按下门把手上的微动开关（钥匙在附近时）。

② 拔出充电枪前，请操作整车解锁以解除充电口的电锁，并在 30s 内拔出充电枪头，否则充电口的电锁会重新锁止。

③ 电锁工作模式可通过多媒体设置，设置步骤详见多媒体电锁工作模式设置。

④ 若解锁操作后无法拔下充电枪，可多次尝试解锁，仍无法拔枪时，可尝试应急解锁，操作步骤参照充电口电锁控制中充电口应急解锁。

⑤ 充电时，组合仪表上会提示预计剩余充满电时间。不同温度、电量、充电设施等情况下，剩余充满电时间可能有一定偏差，属于正常现象。

⑥ 电量较低时，不能使用预约充电功能。

⑦ 车辆配置有直流充电升压模块时，在低电压平台充电桩上消耗电量与在高电压平台充电桩上消耗电量相比会增加，相比未配置直流充电升压模块的车辆充电效率会低 1% ～ 2%。

❸ 断开供电插头。

④ 关闭充电口保护盖和车辆充电口盖。

⑤ 将"三转七"放入后备厢储物盒内。

4. 充电桩单相交流充电

（1）设备说明（以比亚迪某款为例）

❶ 单相交流充电盒。

a. 使用随车配送的充电盒为车辆充电。

b. 设备规格：220V（AC）、50Hz、32A。

c. 单相交流充电盒（图3-116）：该装置由充电盒、充电枪和连接线缆组成，断路器、急停开关等信息参见充电盒说明书。

❷ 单相交流充电桩（以比亚迪某款为例）

a. 使用公共场所的单相交流充电桩为车辆充电。部分充电桩未配备充电枪，需准备交流充电连接器。

b. 设备规格：220V（AC）、50Hz、32A 或 220V（AC）、50Hz、16A。

c. 如图3-117所示，该装置由符合国标标准要求的供电插头、充电枪、插头/充电枪保护盖和连接线缆组成，简称"七转七"。供电插头连接充电桩供电插座，充电枪连接车辆充电口。

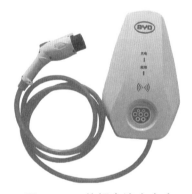

图 3-116　单相交流充电盒

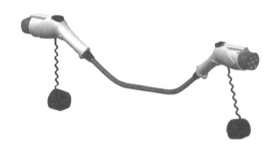

图 3-117　交流连接装置

维修提示

① "七转七"在使用过程中，为避免接反，注意供电插头与充电枪的标识。

② 当外部电网短时间断电并再次供电时，比亚迪充电设备会自动重新启动充电，不用重新连接充电设备。

③ 设备必须接地良好，如果充电设备出现故障或者损坏时，接地线可提供最小阻抗电路放电从而减少触电的危险。

维修提示

① 充电前注意车辆停放位置，确保充电时充电连接线不要拉直。

② 在未充满电的情况下，需要提前结束充电，请通过充电设备设置提前结束充电，尽量不要带载断电。

③ 具体充电注意事项见充电说明。

（2）充电操作

通过"七转七"将车辆与交流充电桩相连，或者通过交流充电桩／盒的充电枪将车辆与交流充电桩／盒相连，实现交流充电。

即时充电方法如下。

❶ 参照家用便携式交流充电的解锁充电口盖，打开充电口盖、充电口保护盖。

❷ 连接供电口端：

a. 如果使用随车配送的充电盒为车辆充电，则无须此步操作；

b. 如果使用交流充电桩且充电桩配备充电枪，则无须此步操作；

c. 如果使用单相交流充电桩且充电桩未配备充电枪，则需使用"七转七"，使用时需将供电插头连接至充电桩上的供电插座。

❸ 连接车辆接口：将充电装置的充电枪连接至车辆充电口，并可靠锁止。

❹ 充电设置：

a. 对于随车配送的单相交流充电盒或公共场所没有设置选项的交流充电桩，可跳过此步骤；

b. 对于公共场所有设置选项的交流充电桩／盒，需要刷卡或扫二维码等操作，具体操作见充电桩／盒使用说明。

❺ 组合仪表充电连接指示灯"⚡"点亮。

❻ 充电过程中，组合仪表显示相关充电参数，同时显示充电画面。此时可以通过仪表设置预约充电，设置流程详见组合仪表预约充电功能设置。

（3）停止充电操作指南

❶ 结束充电：充电设备设置提前结束或电量充满，车辆自动结束充电。

❷ 断开充电口连接：参照家用便携式交流充电说明断开充电口连接。

❸ 断开供电插头：

a. 如果使用"七转七"，建议先拔出充电枪，后拔出供电插头；

b. 如果使用随车配送的充电盒为车辆充电，则无须此步操作；

c. 如果使用交流充电桩且充电桩配备充电枪，则无须此步操作。

❹ 关闭交流充电口保护盖和车辆充电口盖（参照家用便携式交流充电说明）。

❺ 整理充电设备，并妥善放置：

a. 如果使用交流充电桩 / 盒，将充电枪放到充电桩 / 盒的指定位置；

b. 如果使用"七转七"，将其整理好，并妥善放置。

"七转七"禁止跌落，严禁直接拉扯线缆移动此设备，移动时需轻拿轻放，使用后请将设备存放在阴凉处。

5. 充电桩直流充电

（1）设备说明

❶ 使用公共场所的直流充电桩为车辆充电，充电桩一般安装在特定的充电站。

❷ 设备规格：请查看充电桩相关说明。

❸ 充电时间：参考组合仪表上的充电时间提醒。

（2）充电操作　通过直流充电桩的充电枪将车辆与直流充电桩相连，实现直流充电。

即时充电方法如下。

❶ 充电前，电源挡位处于"OFF"挡。

❷ 参照家用便携式交流充电的解锁充电口盖，打开充电口盖、充电口保护盖。

❸ 连接车辆接口：将充电桩的充电枪连接至车辆充电口，并可靠锁止。

❹ 按充电设备指导步骤操作，启动充电。

❺ 组合仪表充电连接指示灯"🔌"点亮。

❻ 充电过程中，组合仪表显示相关充电参数，同时显示充电画面。

（3）停止充电操作

❶ 结束充电：充电桩设置提前结束或充电已完成，充电桩会自动结束充电。

❷ 断开充电口连接：按下直流充电枪上的机械锁止按钮，拔出充电枪。

❸ 充电桩直流充电结束，整理充电设备，并妥善放置，将充电枪放到充电桩的指定位置。

❹ 关闭直流充电口保护盖与车辆充电口盖。

6. 充电口电锁功能

为防止充电枪被盗，例如比亚迪某款 EV 充放电过程中充电口具备防盗功能，该功能为默认停用，如果需取消该功能可按以下步骤进行操作。

打开多媒体"行驶设置"，进入"充电口防盗设置"，选择电锁工作模式为"停用防盗"。

维修提示

在"启用防盗"和"停用防盗"模式下，充电过程中充电枪均会处于闭锁状态，此时，充电枪会被锁止，用户可以通过以下几种方式进行解锁。

① 按智能钥匙解锁按钮进行解锁（OFF 挡充电时）。

② 按主驾门外门把手旁边的微动开关进行解锁（钥匙在附近时）。

③ 按主驾或副驾门内车窗下的窗控开关进行解锁。

维修提示

解锁充电枪后，30s 内可拔枪，30s 后电锁会重新闭合。

当电锁出现故障，不能拔出车辆插头时，可通过操作拉绳开启应急解锁，尝试拔出车辆插头。

打开后备厢，右护面上面有个黑色卡扣（应急解锁蘑菇头），将卡扣拉出即可解锁（图 3-118）。

图 3-118　解锁交流充电口示意

维修提示

① 应急解锁蘑菇头只能在应急情况下才能使用。

② 应急解锁蘑菇头扣在侧位护板上时较紧，需要用钥匙或其他较薄的金属片挑出，若用手指甲抠时可能对手指甲造成一定伤害。

③ 使用应急拉锁时，拉线方向尽量垂直于侧位护板，打开充电口盖后需要将应急拉锁重新塞回去，以免出现拉锁卡滞导致充电口盖锁头不回位而影响充电口盖的关闭。

④ 使用充电口盖应急拉锁时，切勿瞬间大力拉扯。正常拉动即可，拉动后出现拉动阻力较大时，说明已经完全解锁到位，此时充电口盖应该已经开启。

7. 续驶里程显示模式设置

装备"续驶里程显示模式设置"功能的车辆，该功能默认为标准模式，如果想启用动态模式，可按如下步骤进行操作。

❶ 打开多媒体"行车辅助"。

❷ 进入"纯电续驶里程"，选择"动态"。

a. 标准模式：基于综合工况测试结果的里程显示。

b. 动态模式：基于电池可用电量与当前平均能耗的里程显示。

维修提示

① 每次充满电显示的续驶里程会基于上一行驶里程的能耗进行计算而有所不同。

② 由于空调或加热器的开关、驾驶模式的切换（SPORT 和 ECO）与其他配件的开关，续驶里程会出现增减。

8. 智能充电功能

当启动型铁电池电量过低时，可以通过动力电池给启动型铁电池充电。

维修提示

① 车辆在长时间放置过程中，可能会启动智能充电功能，前舱风扇可能会启动，属于正常现象，并非车辆故障。

② 智能充电的电能来自动力电池包，车辆进入智能充电会使 SOC 降低，这属于正常现象，并非车辆故障。

9. 放电装置

（1）说明　装备有车辆对外放电功能的车辆，车外放电为车辆对负载放电（VTOL）。

❶ 尽量在 SOC 较高时使用车辆放电功能。

❷ 在整车电量较低时限制使用车辆放电功能。

❸ "OFF"挡长期连接 VTOL 装置而不输出时，整车静态功耗增加，建议用户在不用设备时拔下放电枪 / 充电枪。

维修提示

① 放电前请确认整车电量，预估剩余续驶里程。

② VTOL 放电前，请确保负载处于关闭状态。

（2）VTOL 车外放电方法

❶ 设备说明。

a. 车辆对负载放电连接装置（VTOL）：该装置由放电枪、排插、电缆及放电枪保护盖组成。

b. 设备规格：如图 3-119 所示，设备规格为额定 220V、50Hz、16A，通过 VTOL 连接实现车外放电时最大放电功率为 3.3kW。

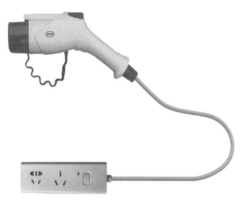

图 3-119　负载放电连接装置

红旗电动汽车放电枪如图 3-120 所示。

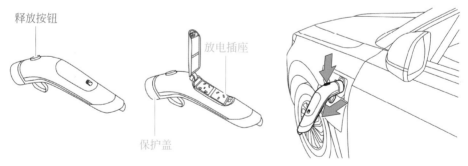

释放按钮　　放电插座　　保护盖

图 3-120　红旗电动汽车放电抢

❷ 放电操作。

a. 放电前，电源挡位处于"OFF"挡。

b. 家用便携式交流充电的情况需解锁并打开充电口盖、充电口保护盖。

c. 放电前检查：

ⓐ 确保放电车辆的整车电量不低于15%。

ⓑ 确保VTOL连接装置没有壳体破裂、电缆磨损、插头生锈或有异物等异常情况。

ⓒ 确保充电口端口内没有水或外来物，金属端子没有生锈或者腐蚀造成的破坏或者影响。

ⓓ 若出现以上情况，禁止充电，否则可能导致短路或电击，引起人身伤害。

d. 仪表设置：按下灯光开关组上的放电开关（图3-121），在仪表上选择VTOL放电模式。

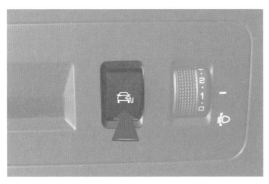

图 3-121　放电开关

e. 连接放电连接装置（图3-122）。

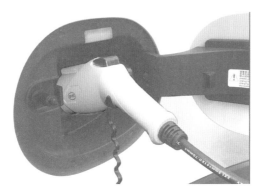

图 3-122　连接放电连接装置

ⓐ 10min内将VTOL放电连接装置的放电枪连接至充电口，并可靠锁止。

ⓑ 按下放电插座上的开关，等待几秒后，插座指示灯常亮（红色），表示插座可以使用。

f. 放电开始：放电装置连接好后，车辆开始放电，车辆仪表显示放电信息。

❸ 停止放电操作指南。

a. 结束放电：

ⓐ 断开负载，按下"放电"开关或长按"确认"按键 3s，插座指示灯熄灭；

ⓑ 紧急情况可直接进行下一步（不推荐使用）。

b. 断开放电连接装置：按下放电枪机械按钮，将放电枪从充电口中拔出。

c. 关闭充电口保护盖和充电口盖（参照家用便携式交流充电说明）。

d. 整理设备：放电完成后将放电设备放入后备厢储物盒内。

第四章

扎根车间
——成就"汽修工匠"

第一节 电动汽车总成维修和零部件更换

一、动力电池维修

1. 动力电池安装位置

混合动力车辆的动力电池安装在车身底部燃油箱前（图 4-1）。这种安装方式的优点是降低车辆的重心，从而改善驾驶特性。为接触到动力电池接口，必须拆除车身底部的装饰板。

2. 动力电池组外部特征

动力电池组除高电压接口外还有一个 12V 车载电气系统接口，通过该接口为集成在动力电池单元内的控制单元提供电压、数据总线、传感器和监控信号。将其接入制冷剂循环回路内，以对动力电池进行冷却。

动力电池的电压远远高于 60V，因此进行任何高压作业前，都必须遵守电气安全规定：断开系统电源；使用安全装置以防重新接通；确保系统无电压。

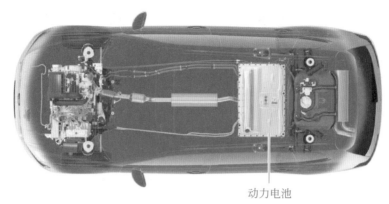

动力电池

图 4-1　混合动力车辆的动力电池安装位置

可在无须拆卸动力电池的情况下断开导线（高电压和 12V 车载电气系统接口）和冷却液管路。

动力电池位于乘员舱以外，如果由于严重故障导致动力电池产生过压，必须向外排出所产生的气体。动力电池单元上部壳体上的排气单元直接与外部相连。

3. 机械接口

动力电池单元的壳体通过支架固定在车身上。拆卸动力电池单元时，必须首先进行维修说明中规定的所有前提工作，例如诊断、断开电压、清空制冷剂。同时拆除车身底部饰板与支柱。松开固定螺栓前，必须将带有相应固定装置的可移动总成升降台放在高电压蓄电池单元下方。通过等电位导线使高电压蓄电池单元壳体与车身之间形成电气连接。

动力电池单元壳体与接地之间的低电阻连接是确保自动绝缘监控功能正常运行的一项重要前提条件，因此应注意所有安装螺栓的拧紧力矩是否正确。

固定等电位螺栓时，必须执行准确的工作步骤。

❶ 清洁接触面并让另外一人进行检查。

❷ 按规定力矩拧紧电位补偿螺栓。

❸ 让另外一人检查力矩。

❹ 两人必须将准确的工作情况记录在车辆档案内。

维修提示

如图 4-2 所示，在动力电池单元壳体上进行任何安装时，都只能使用自攻螺钉。允许使用螺纹套对壳体下部件端盖的螺纹进行修复。

图 4-2　动力电池单元安装

1—动力电池单元；2—动力电池固定螺栓；3—保护罩固定螺栓；4—等电位连接螺栓

如图 4-3 所示，动力电池单元贴有警告提示牌。型号铭牌提供逻辑信息（例如零件编码）与关键技术数据（例如额定电压）。警告提示牌一方面指出采用了锂离子技术；另一方面指出动力电池单元内电压较高，从而提醒注意可能存在相关危险。高电压组件的警告提示牌强调组件带有高电压的事实。

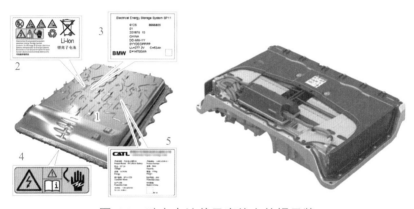

图 4-3　动力电池单元壳体上的提示牌

1—动力电池单元壳体上部件；2—动力电池单元警告提示牌；3—标注技术数据的车型型号铭牌；4—高电压组件的警告提示牌；5—标注技术数据的 CATL 型号铭牌

4. 电气接口

在动力电池单元上带有一个 2 芯高电压接口，动力电池单元通过该接口与高电压电气系统连接。

如图 4-4 所示为动力电池的高电压接口，围绕高电压导线的两个电气触点各有一个屏蔽层触点，这样可使高电压导线屏蔽层（每根导线各有一个屏蔽层）一直延伸到动力电池单元壳体内，从而有助于确保电磁兼容性。

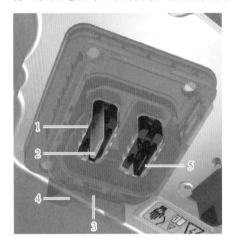

图 4-4　动力电池的高电压接口

1—屏蔽层触点；2—高电压导线触点；3—带高电压互锁回路电桥接口的插孔；4—机械滑块；5—触点保护

此外高电压接口还可防止接触导电部件。触点本身带有塑料外套，从而防止直接接触。只有连接导线时，才压开外套并进行接触。

塑料滑块用于插头的机械锁止机构，此外它还是一项安全功能的组成部分：未连接高电压导线时，滑块会盖住高电压互锁回路电桥接口。只有按规定连接高电压导线且插头锁止时，才能接触到该接口并插上电桥。这样可确保只有连接高电压导线时，高电压互锁回路电路才会闭合。

因此只有所有的高电压接口连接电机电子装置与便捷充电电子装置时，高电压系统才会启用，这样可以防止额外接触可能带电的接触面。

如图 4-5 所示，与动力电池单元的所有其他组件一样，高电压接口可作为单独组件进行更换。

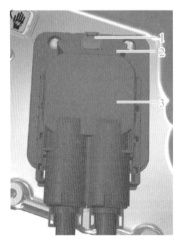

(a) 已插入高电压导线的高电压接口

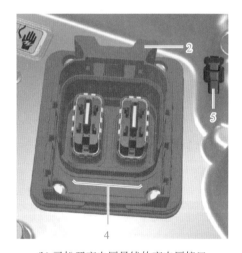

(b) 已松开高电压导线的高电压接口

图 4-5　高电压接口

1—高电压互锁回路电桥（已插上）；2—机械滑块；3—高电压导线的高电压插头；
4—高电压接口；5—高电压互锁回路电桥（已松开）

5. 48V 轻混系统

48V 轻混系统，核心部件包括 48V 电池、48V 启动电机 / 发电机、48V/12V（DC/DC）的电压逆变器，以及相应的控制模块。轻混只是回收了一部分能量储存在电池中，但是不能单独靠电力行驶，必要时电机可以辅助发动机增加功率输出。采用 BSG（Belt-driven Starter Generator）双轴并联低度混合式，即发动机与电机之间采取皮带传动方式进行动力传输，以发动机为整车的驱动动力源，电机系统用于实现发动机的快速启动。

（1）混合动力工作原理　48V 轻混，与普通车辆不同的是其发电机发电电压为 48V，电池组也是 48V，而发电机既能发电又能做起动机，还能当作电机使用（三合一），为发动机提供助力。部分车用电气系统仍然采用 12V，例如音响、大灯等。所以还需要一个 48V/12V 转换器，给 12V 蓄电池充电。可以说 48V 轻混系统大部分供电为 48V，电压提高以后同样功率下电流会减小，损耗更低。而同样的电流可以输出更大的功率。轻混具有能量回收系统，例如：刹车制动时多余的能量经发电机转为电力存储在电池内，供大功率电气使用。而在起步和加速时电机可以介入，协同发动机工作，提高动力的同时也降低了油耗。48V 轻混电气化部件见图 4-6。

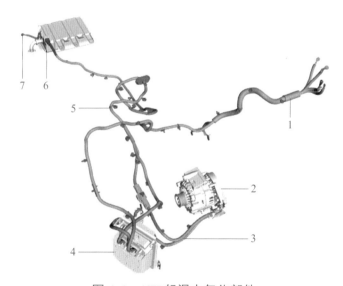

图 4-6　48V 轻混电气化部件

1—蓄电池正极和负极电缆；2—起动机 / 发电机；3—驱动电机蓄电池充电电缆；
4—附件直流电源控制模块；5—蓄电池正极电缆；6—高压蓄电池；7—蓄电池负极电缆

（2）维修模式　维修模式可用于维修和诊断、确认故障指示灯是否正确运行以及可能用于排放检查。车辆熄火且制动踏板未被踩下时，按住电源按钮 5s 以上可将车辆置于维修模式。仪表和音频系统的运行方式与启动时相同，但车辆将无法行驶。驱动系统在维修模式下不会启动。

（3）再生制动　当车辆滑行或制动时，电源逆变器模块可以发电模式将驱动电机作为发电机运行。作为发电机运行时，驱动电机施加传动机构负载，帮助降低车辆速度。驱动电机产生的电能被电源逆变器模块转移到混合动力/电动汽车蓄电池组。

（4）起动机/发电机　起动机/发电机（也称为驱动电机）位于发动机舱内。驱动电机安装在发动机的前部，代替交流发电机。驱动电机利用专用蛇形皮带和传动皮带张紧器与曲轴皮带轮相连接。

起动机/发电机主要有四个功能。

❶ 启动器功能，特别为停止和启动应用而设计。

❷ 提高发电机功能。

❸ 再生制动功能，除12V电池外，也可使用48V电池作为储能。

❹ 通过使用存储在48V电池能量存储器中的能量来辅助发动机。

驱动电机是一个三相交流感应电机。此设备不仅充当交流（AC）发电机，而且用于提供发动机电源辅助，以及在自动熄火模式下启动发动机。交流（AC）电流通过三相电缆总成在驱动电机和发电机控制模块（也称为起动机/发电机控制模块）之间流动。

作为发电机时，驱动电机向驱动电机控制模块提供高达12kW的交流（AC）电源。

作为电机时，驱动电机提供高达10kW的电力辅助，帮助发动机启动。电机的电力来自驱动电机控制模块（发电机控制模块的内部构件）提供的三相交流电源。

驱动电机具有一个不可维修的内部传感器——驱动电机位置传感器。

驱动电机皮带轮与曲轴皮带轮的比率为3∶1。发动机控制模块（ECM）接收串行数据发来的发动机转速输入信号，并将该信号与驱动电机位置传感器发送的驱动电机转速输入信号进行比较，从而能够检查驱动电机皮带的完好性。

（5）驱动电机蓄电池系统　48V电池为汽车传动系统和辅助车辆负载提供能源。电池组由蓄电池和电池能量控制模块组成。例如雪佛兰沃兰达轻混蓄电池由14个棱柱形锂离子电池组成。电池组的额定容量为6A·h，标称电压实际上是46.2V，但电池组用在48V系统中运行。

蓄电池能量控制模块位于蓄电池组内，监测蓄电池组的温度、电流和电压。蓄电池能量控制模块还会对此信息进行处理。蓄电池能量控制模块通过CAN通信总线将蓄电池状态传达给车辆或其他用户。蓄电池能量控制模块执行电量平衡功能，该功能对于锂离子蓄电池通常是必需的，并执行主动/被动充电/放电控制功能。在车辆系统内正常工作时，蓄电池会向车辆控制器提供蓄电池组电压、电流、充电状态、功率限制和温度信息。

❶ 安装位置。混合动力蓄电池位于副驾驶座位下方。蓄电池能量控制模块、电流传感器和高压连接器位于混合动力蓄电池总成内。

❷ 充电／放电控制。通过激活内部继电器实现主动充电／放电控制。继电器打开时，电池将无法向车辆供电或从车辆接收电力。为了闭合继电器，端子电压必须与模块电压匹配，车辆管理系统必须处于唤醒状态（12V 电源和点火），必须由车辆控制器通过 CAN 发出闭合继电器指令。

❸ 电量平衡。蓄电池能量控制模块能够执行电量平衡。系统采用被动平衡，通过借助蓄电池能量控制模块板上的内部平衡电路，可以将高电压电池放电至最低电池电压。

满足以下所有条件时应发生电量平衡。

a. 最高和最低电池电压之间的差值高于 10mV。

b. 最高电池电压为 3.27 ～ 3.35V。

c. 最低电池电压高于 3.2V，是为了避免电量平衡期间发生过放。

d. 继电器断开。

e. 电流小于 100mA。

蓄电池组处于休眠模式后，蓄电池能量控制模块将每隔 4h 定期检查一次以上条件，以启动电量平衡。所有电池电压均在 5mV 最低电池电压范围内时，应停止平衡。

❹ 热管理。对于 48V 系统，一般蓄电池采用风冷自然冷却。

（6）附件直流电源控制模块　14V 电源模块（也称为附件直流电源控制模块）位于前舱内。14V 电源模块通过一个独立于发动机冷却系统的冷却液循环进行冷却。

14V 电源模块是一个能够取代传统车辆上的发电机的电子装置。在混合动力或电动车辆上，14V 电源模块将高压（48V）直流电（DC）转换成低压（12V）直流电，以便为附件电气运行供电，并为 12V 蓄电池充电。

通常 14V 电源模块只有在车辆处于正常行驶循环时提供 12V 直流电。然而在某些情况下，当车辆正在通过标准壁式插座充电时，需要 14V 电源模块运行以保持12V 蓄电池电压。

14V 电源模块能够提供高达 130A 的 12V 直流电。

❶ 电路输入。14V 电源模块的输入包括高压电路和 12V 电路。14V 电源模块还具有来自发动机控制模块（ECM）的脉宽调制设定点输入信号。该输入信号能够使电压从高压转换成期望的 12V 输出电平。

❷ 电路输出。由 14V 电源模块支持的输出只有状态反馈电路［至发动机控制模块（ECM）］和 12V 直流电（向车辆中的 12V 部件供电并为 12V 蓄电池充电）。混合动力／电动车辆上的低压 12V 电缆不要求特殊的颜色或维修程序。

（7）电磁兼容性　车辆中的电子设备必须能够承受一定数量的电磁干扰，而不会影响其运行。电磁干扰在电流流过电路时产生，所产生电磁干扰的总量或幅度通常取决于电流量和电路电流的开关模式及频率。电磁干扰要求通常称为电磁兼容性。

确保车辆满足电磁兼容性要求的方式很多，包括向某些电路添加电容器和电阻器、调节部件运行的频率、将线路电缆和部件进行屏蔽等。

❶ 电路。电源逆变器模块（通常称为驱动电机发电机电源逆变器模块）和14V电源模块（通常称为附件直流电源控制模块）各自含有连接到高压电路的滤波电容器，这些电容器对于降低电流开关所造成的电压尖脉冲是必须的。降低电压尖脉冲能够减少电磁干扰，同时精密调节电流的开关频率。频率太高会增加电磁干扰。

❷ 线路/电缆。一般类型的电路屏蔽包括双绞线和箔屏蔽电缆。双绞线一般用于串行数据电路等，两条线以特定的单位长度螺纹绞在一起。屏蔽电缆用于所有需要阻挡外部电磁干扰或降低电缆自身电磁干扰辐射进入附近部件或电路的其他电路。

❸ 低电压和中电压布线。变速器传感器的信号电路使用屏蔽保护。驱动电机位置传感器电路使用内部箔屏蔽。变速器总成的线束外部通过电源逆变器模块的环形端子连接到底盘搭铁。内部变速器线路线束通过阀体总成的环形端子连接到底盘搭铁。

辅助变速器油泵三相电缆使用内部箔屏蔽。线束屏蔽连接到电源逆变器模块内的底盘搭铁。

❹ 部件屏蔽。一些部件利用其结构来有效屏蔽电磁干扰。金属盖、底盘搭铁金属外壳和电磁导电衬垫都可能是某个部件电磁兼容性设计的一部分。

❺ 屏蔽损耗。正确屏蔽的损耗可能造成调幅收音机接收不良和/或传感器电路读数不正确（取决于屏蔽损耗的位置）。渗透至高压电缆绝缘导体的损坏将无法维修，某些低压和中压屏蔽线路线束可以维修。

（8）拆装驱动电机蓄电池充电电缆

维修提示

按照安全规程执行安全防护及以下措施。

① 应佩戴带侧护套的安全眼镜。

② 经认证的最新的0级绝缘手套，额定电压为1000V，具有皮革保护层。使用手套前需进行目视检查和功能检查。在高压电池总成处进行工作时，要始终佩戴绝缘手套，无论该系统通电与否。

③ 在拆卸或安装高压电池总成前，确保所有高压电池盖/板已安装。安装盖/板可消除在拆卸或安装期间接触暴露高压触点的风险。

❶ 拆卸事项

a. 断开蓄电池负极。

b. 解除高压系统。

c. 拆下前保险杠及前舱隔板。

d. 拆卸驱动电机蓄电池充电电缆螺母1（图4-7）。

e. 拆卸驱动电机蓄电池充电电缆接地螺母2。

f. 拆卸驱动电机蓄电池充电电缆卡扣3。

g. 拆卸驱动电机蓄电池充电电缆固定件4。

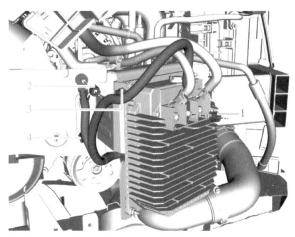

图4-7 拆卸驱动电机蓄电池充电电缆（一）

h. 断开电气连接器。

i. 拆卸驱动电机蓄电池充电电缆螺母1；拆卸驱动电机蓄电池充电电缆卡扣2；拆卸驱动电机蓄电池充电电缆3（图4-8）。

❷ 安装事项

a. 安装驱动电机蓄电池充电电缆。

b. 安装驱动电机蓄电池充电电缆卡扣。

c. 安装驱动电机蓄电池充电电缆螺母并紧固至规定力矩。

d. 连接电气连接器。

e. 安装驱动电机蓄电池充电电缆固定件。

f. 安装驱动电机蓄电池充电电缆接地螺母并紧固至规定力矩。

g. 安装前舱隔板及前保险杠。

h. 启用高压系统。

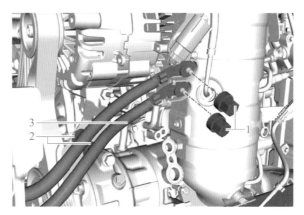

图 4-8　拆卸驱动电机蓄电池充电电缆（二）

（9）拆装蓄电池至高压蓄电池正极电缆

 维修提示

　　同样，按照安全规程执行安全防护及措施。

❶ 拆卸事项。

a. 断开蓄电池负极电缆。

b. 解除高压系统。

c. 拆卸空气滤清器总成。

d. 拆卸前保险杠。

e. 拆卸车厢内地毯。

f. 拆卸蓄电池至蓄电池正极电缆螺母 1；拆卸蓄电池至蓄电池正极电缆 2（图 4-9）。

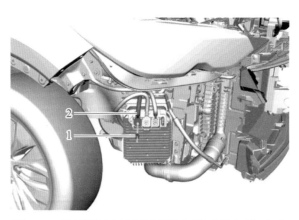

图 4-9　拆卸蓄电池至高压蓄电池正极电缆（一）

g. 松开蓄电池至蓄电池正极电缆固定件。

h. 断开蓄电池至蓄电池正极电缆电气连接器。

i. 松开蓄电池至蓄电池正极电缆固定件及电缆护套。

j. 松开蓄电池至蓄电池正极电缆卡扣 1；拆卸蓄电池至蓄电池正极电缆螺母 2（图 4-10）。

k. 断开蓄电池至蓄电池正极电缆。

l. 从发动机舱侧缓慢地将电缆拉出。

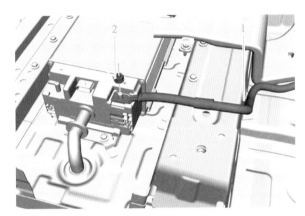

图 4-10 拆卸蓄电池至高压蓄电池正极电缆（二）

❷ 安装事项。

a. 安装电缆时，在发动机舱侧将驾驶舱部分的电缆通过前围板对应孔位先塞入。

b. 连接蓄电池至蓄电池正极电缆。

c. 安装蓄电池至蓄电池正极电缆螺母并紧固至规定力矩。

d. 安装蓄电池至蓄电池正极电缆卡扣。

e. 安装蓄电池至蓄电池正极电缆固定件。

f. 安装蓄电池至蓄电池正极电缆护套。

g. 连接蓄电池至蓄电池正极电缆电气连接器。

h. 连接蓄电池至蓄电池正极电缆。

i. 安装车厢内地毯。

j. 安装前保险杠。

k. 安装空气滤清器总成。

l. 启用高压系统。

6. 纯电动汽车动力电池系统拆装维修实例

（1）结构布局 上汽荣威 E50 纯电动汽车的动力电池的总电压范围是 232.5～334.8V，包含 5 个模块，其中 3 个大模块（27 串 3 并），2 个小模块（6 串 3 并），电池共 93 个串联。动力电池系统组成如图 4-11 所示。动力电池系统包含如下所述部件。

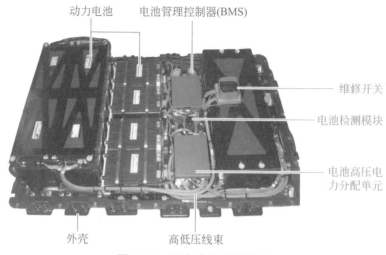

图 4-11　动力电池系统组成

❶ 高压电池包电池管理控制器。高压电池包电池管理控制器汇总内部控制器采集的电池信息，通过一定的控制策略，向整车控制器提供电池运行状态的信息，响应整车高压回路通断命令，实现对电池的充放电和热管理。

❷ 高压电池包电池高压电力分配单元。高压电池包电池高压电力分配单元通过不同高压继电器的通断，实现各个高压回路的通断。

❸ 高压电池包电池检测模块。高压电池包电池检测模块实现电流检测和绝缘检测等功能。

❹ 高压电池包电池采集和均衡模块。高压电池包电池采集和均衡模块实现电池电压和温度的采集，电池均衡功能；每个大模块由 2 个电池采集和均衡模块管理，每个小模块由 1 个电池采集和均衡模块管理。

❺ 高低压线束及接插件。

❻ 冷却系统附件。包括冷却板和冷却管路等。

（2）动力电池外部连接　升起车辆，便可看见如图 4-12 所示的动力电池外部插接件或接口。

（3）动力电池总成拆装

❶ 拆卸程序。

a. 打开前机舱盖。

b. 断开蓄电池负极电缆。

c. 拆卸维修开关。

d. 支撑动力电池总成。

将车辆用举升机升起（图4-13），然后置入平台车，使用平台车支撑动力电池总成。

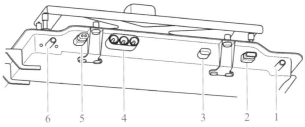

图 4-12 动力电池外部插接件或接口

1—冷却水管入口；2—低压接插件（整车低压接插件）；3—低压接插件（充电低压接插件）；
4—高压接插件（整车快充接插件）；5—高压接插件（车载充电接插件）；6—冷却水管出口

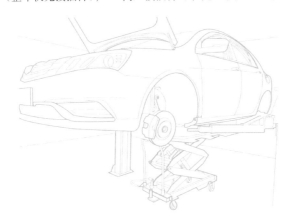

图 4-13 举起车辆

e.拆卸动力电池总成。

ⓐ 断开动力电池的2个高压线束连接器3（图4-14）。

ⓑ 断开动力电池与前机舱线束的2个线束连接器2。

ⓒ 拆卸动力电池搭铁线固定螺母，断开动力电池搭铁线1。

ⓓ 拆卸动力电池总成后部固定螺栓。

ⓔ 拆卸动力电池总成前部固定螺栓。

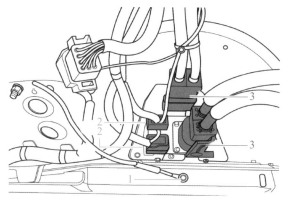

图 4-14　拆卸线束

ⓕ 拆卸动力电池总成左右各个固定螺栓（图 4-15）。

ⓖ 缓慢降下平台车，取出动力电池总成。这时候要注意动力电池下降过程中平台车缓慢向前移动，可以避免动力电池与后悬架的干涉。

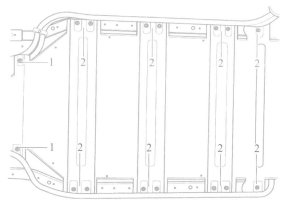

图 4-15　拆卸动力电池总成螺栓

1，2—固定螺栓

❷ 安装程序。

安装动力电池总成步骤如下。

a. 缓慢举升平台车，调整平台车位置，使动力电池总成上的安装孔与车身对齐。

 维修提示

注意，动力电池上升过程中将平台车缓慢向后移动，可以避免动力电池与车身的干涉。

b. 安装并紧固动力电池总成后部固定螺栓。

c. 安装并紧固动力电池总成前部固定螺栓。

d. 安装并紧固动力电池总成左右各个固定螺栓。

e. 安装动力电池搭铁线，紧固动力电池搭铁线固定螺母。

f. 连接动力电池与前机舱线束的线束连接器。

g. 连接动力电池的高压线束连接器。

维修提示

插接时注意"一插、二响、三确认"。

h. 安装动力电池维修开关，连接蓄电池负极，关闭前机舱盖。

二、驱动系统维修

驱动系统由驱动电机、驱动电机控制器构成，通过高低压线束、冷却管路，与整车其他系统进行电气和散热连接。整车控制器根据驾驶员意图发出各种指令，电机控制器响应并反馈，实时调整驱动电机输出，以实现整车的怠速、前行、倒车、停车、能量回收以及驻坡等功能。电机控制器的另一个重要功能是通信和保护，实时进行状态和故障检测，保护驱动电机系统和整车安全可靠运行。驱动系统结构框图如图 4-16 所示。

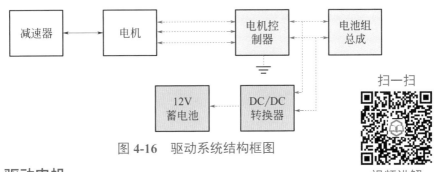

扫一扫

图 4-16　驱动系统结构框图

视频讲解

1. 驱动电机

驱动电机（图 4-17）自身的运行状态等信息可以被采集到驱动电机控制器，依靠内置传感器来提供电机的工作信息。以某车型装配的 C33DB 驱动电机来说，包括以下传感器。

（1）旋变传感器　旋变传感器用于检测电机转子位置和转速，是一种输出电压随转子转角变化的信号元件，当励磁绕组以一定频率的交流电压励磁时，输出绕组的电压幅值与转子转角成正余弦函数关系。由控制器编码后可以获知电机转速。传感器线圈固定在壳体上，信号齿圈固定在转子上，获知电机转速。

旋变传感器线圈由励磁、正弦、余弦三个线圈组成。

（2）温度传感器　温度传感器用于检测电机的绕组温度，控制器可以保护电机避免过热。

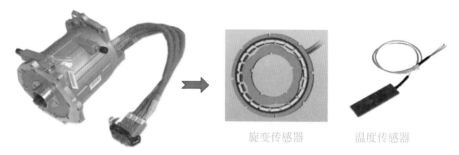

旋变传感器　　　温度传感器

图 4-17　驱动电机

2.驱动电机控制器

（1）功能　驱动电机控制器（MCU）将高压直流电转为交流电（图 4-18），并与整车上其他模块进行信号交互，实现对驱动电机的有效控制。

电机控制器

图 4-18　电机控制器布局

驱动电机控制器（图 4-19）使用以下传感器来提供驱动电机系统的工作信息。

❶ 电流传感器：用以检测电机工作的实际电流（包括母线电流、三相交流电流）。

❷ 电压传感器：用以检测供给电机控制器工作的实际电压（包括动力电池电压、12V 蓄电池电压）。

❸ 温度传感器：用以检测电机控制系统的工作温度（包括 IGBT 模块温度、电机控制器板载温度）。

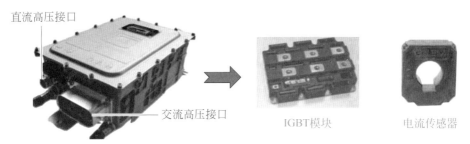

图 4-19　驱动电机控制器

驱动电机控制器是驱动电机系统的控制中心，上述 C33DB 电机的控制器以 IGBT（绝缘栅双极型晶体管）功率模块为核心，辅以驱动集成电路、主控集成电路。驱动电机控制系统框图见图 4-20。

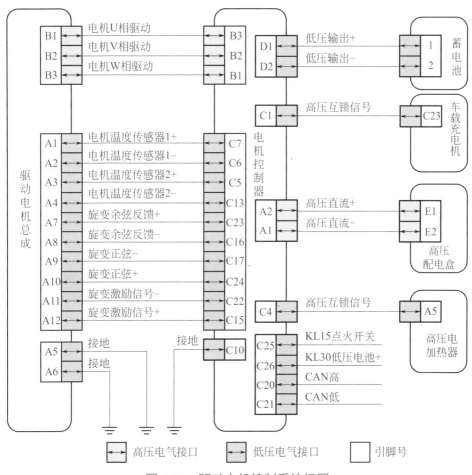

图 4-20　驱动电机控制系统框图

驱动电机控制器对所有的输入信号进行处理，并将驱动电机控制系统运行状态的信息通过 CAN 网络发送给整车控制器。

驱动电机控制器内含故障诊断电路，当诊断出异常时，它将会激活一个错误代码，发送给整车控制器，同时也会存储该故障码和数据。

（2）结构　电机控制器内部包含 1 个 DC/AC 逆变器和 1 个 DC/DC 直流转换器，逆变器由 IGBT、直流母线电容、驱动和控制电路板等组成，实现直流（可变的电压、电流）与交流（可变的电压、电流、频率）之间的转变。直流转换器由高低压功率器件、变压器、电感、驱动和控制电路板等组成，实现直流高压向直流低压的能量传递。电机控制器还包含冷却器（通冷却液），给电子功率器件散热。电机控制器结构见图 4-21。电机控制器结构原理示意见图 4-22。

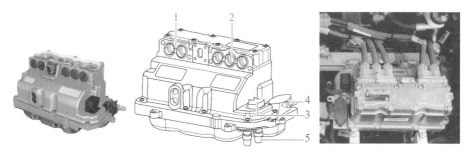

图 4-21　电机控制器结构

1—高压线束接口；2—驱动电机三相线束接口；3—低压信号接口；
4—低压充电（DC/DC）接口；5—冷却管口

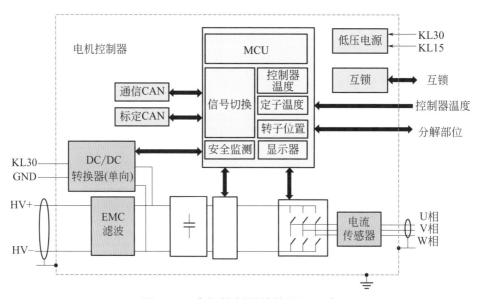

图 4-22　电机控制器结构原理示意

（3）DC/DC 转换器 DC/DC 转换器根据整车控制器的指令将动力电池包的高压直流电转换成低压直流电，为低压电路提供电源，满足整车低压用电设备的需求，必要时为铅酸蓄电池充电，从而实现整车低压电路充、放电的动态平衡。

（4）驱动电机控制系统 电机控制器采用 CAN 通信控制，控制着动力电池组到电机之间能量的传输，同时采集电机位置信号和三相电流检测信号，精确地控制驱动电机运行。电机控制系统电气原理示意见图 4-23。

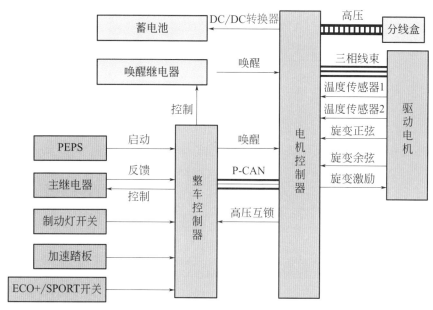

图 4-23 电机控制系统电气原理示意

电机控制器是一个既能将动力电池中的直流电转换为交流电以驱动电机，同时具备将车轮旋转的动能转换为电能（交流电转换为直流电）给动力电池充电的设备。

车辆制动或滑行阶段，电机作为发电机应用。它可以完成由车轮旋转的动能到电能的转换，给电池充电。

DC/DC 转换器集成在电机控制器内部，其功能是将电池的高压电转换成低压电，给整车低压系统供电。

电机控制器控制路径原理示意见图 4-24。

❶ 加速踏板位置传感器。加速踏板位置传感器设计成双输出传感器，两个传感器的输出电压信号都随加速踏板的位置增加而增加。

❷ 制动踏板开关。当驾驶员踩下制动踏板，表现出制动或减速意图时，制动踏板开关将踏板位置信号转换成电压信号，通过硬线传递给 VCU。制动踏板开关内部有两组开关，一组为常闭开关，另一组为常开开关。VCU 通过两组开关输出电压的变化判断驾驶员的制动或减速意图。制动踏板开关信号传递路线如图 4-25 所示。

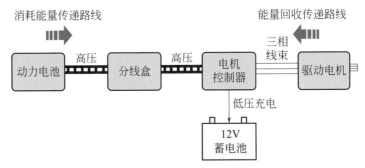

图 4-24　电机控制器控制路径原理示意

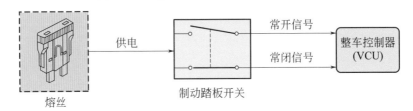

图 4-25　制动踏板开关信号传递线路

（5）驱动电机系统功能模式

❶ 驱动模式（图 4-26）。整车控制器根据车辆运行的不同情况，包括车速、挡位、电池 SOC 值来决定电机输出扭矩和功率。

当电机控制器从整车控制器处得到扭矩输出命令时，将动力电池提供的直流电转化成三相正弦交流电，驱动电机输出扭矩，通过机械传输来驱动车辆。

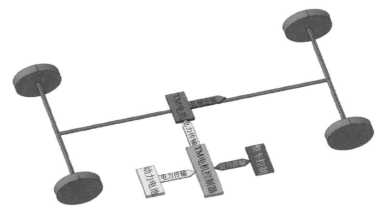

图 4-26　驱动电机系统驱动模式

❷ 电机制动模式（图 4-27）。当车辆在溜车或制动的时候，电机控制器从整车控制器得到发电命令后，电机将处于发电状态。此时电机会将车辆动能转化成交流电能，然后交流电能通过电机控制器转化为直流电，存储到蓄电池中。

图 4-27 驱动电机系统制动模式

❸ 转矩控制模式。电机控制系统控制电机轴向四象限的转矩。由于没有转矩传感器，转矩指令（由整车控制器发送）被转换成为电流指令，并进行闭环控制。转矩控制模式只有在获得正确的初始偏移角度时才能进行。

❹ 静态模式。静态模式在电机控制器（PEU）处于被动状态（待机状态）或故障状态时被激活。

❺ 主动放电模式。主动放电用于高压直流端电容的快速放电。主动放电指令来自整车控制器的指令或由电机控制器（PEU）内部故障触发。

❻ DC/DC 直流转换。电机控制器（PEU）中的 DC/DC 转换器将高压直流端的高压转换成指定的直流低压（12V 低压系统），低压设定值来自整车控制器指令。

❼ 系统诊断功能。当故障发生时，软件根据故障级别使 PEU 进入安全状态或限制状态。

a. 传感器诊断。包括电流传感器、电压传感器、温度传感器、位置传感器等故障诊断。

b. 电机诊断。包括电流调节故障，电机性能检查，主动短路或空转条件不满足，转子偏移角诊断等。

c. CAN 通信诊断。包括 CAN 内存检测，总线超时，报文长度、收发计数器等诊断。

d. 硬件安全诊断。包括相电流过流诊断，直流母线电压过压诊断，高 / 低压供电故障诊断，处理器监控等。

3. 电机控制器的拆卸

❶ 打开前机舱盖。

❷ 断开蓄电池负极电缆。

③ 拆卸维修开关。

④ 拆卸电机控制器上盖。

拆卸电机控制器上盖各螺栓，取下电机控制器上盖（图 4-28）。

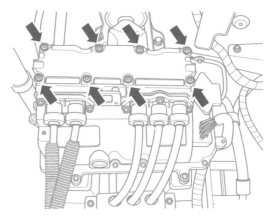

图 4-28　电机控制器的拆卸（一）

⑤ 拆卸电机控制器。

a. 拆卸驱动电机三相线束连接器（电机控制器侧）上的 3 个固定螺栓 1（图 4-29）。

b. 拆卸驱动电机三相线束端子（电机控制器侧）上的 3 个固定螺栓 2，脱开三相线束。

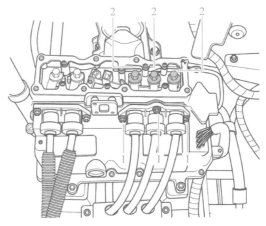

图 4-29　电机控制器的拆卸（二）

c. 拆卸分线盒电机控制器高压线线束连接器（电机控制器侧）上的 2 个固定螺栓 2（图 4-30）。

d. 拆卸分线盒电机控制器高压线线束端子（电机控制器侧）上的 2 个固定螺栓 1，脱开线束。

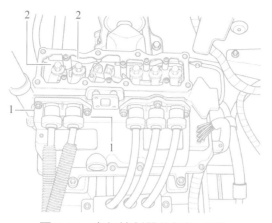

图 4-30 电机控制器的拆卸（三）

e. 断开电机控制器线束连接器 1（图 4-31）。

f. 拆卸电机控制器上的 4 个固定螺栓 2。

图 4-31 电机控制器的拆卸（四）

g. 取下防尘盖，拆卸电机控制器上的 2 根搭铁线束固定螺母，脱开搭铁线束（图 4-32）。

h. 脱开电机控制器进水管 2（图 4-33）。

i. 脱开电机控制器出水管 1，取下电机控制器总成。

 注意

水管脱开前请在车辆底部放置容器，接住防冻液，以免污染地面。

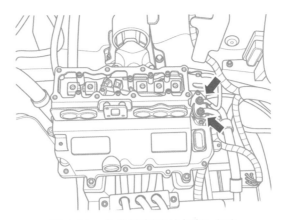

图 4-32　电机控制器的拆卸（五）

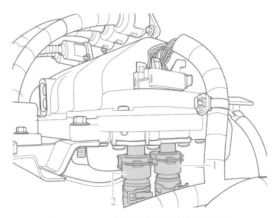

图 4-33　电机控制器的拆卸（六）

4. 安装电机控制器

❶ 安装电机控制器总成。

❷ 连接电机控制器进水管 2（图 4-34）。

❸ 连接电机控制器出水管 1。

❹ 连接 2 根搭铁线，紧固螺母，盖上防尘盖。

❺ 连接电机控制器线束连接器。

❻ 紧固电机控制器上的 4 个固定螺栓。

❼ 连接三相线束，紧固驱动电机三相线束连接器（电机控制器侧）上的 3 个固定螺栓。

❽ 紧固驱动电机三相线束端子（电机控制器侧）上的 3 个固定螺栓。

❾ 连接线束，紧固分线盒电机控制器高压线线束连接器（电机控制器侧）上的 2 个固定螺栓。

⑩ 紧固分线盒电机控制器高压线端子（电机控制器侧）上的 2 个固定螺栓。

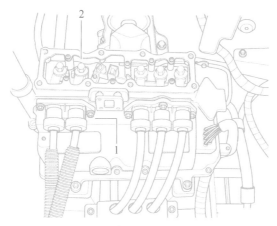

图 4-34 电机控制器的安装

⑪ 安装电机控制器上盖。

放置电机控制器上盖，紧固电机控制器上盖螺栓。

电机控制器端盖合盖时采取对角法则拧紧。

⑫ 安装维修开关。

⑬ 连接蓄电池负极电缆。

⑭ 加注冷却液。

a. 拧开膨胀罐盖，加入指定型号的冷却液。

b. 持续加注冷却液，直至膨胀罐内冷却液容量达到 80% 左右，且液位不再下降，膨胀罐保持开口状态。

c. 拔出电机控制器出水管，待电机控制器出水口有成股水流出，装上电机控制器出水管。

d. 除气完成，补充冷却液，恢复车辆。

5. 驱动电机的拆装

驱动电机位置见图 4-35。

（1）驱动电机的拆卸（从机舱向上吊出）

❶ 打开前机舱盖。

❷ 执行空调制冷剂的回收程序。

❸ 断开蓄电池负极电缆。

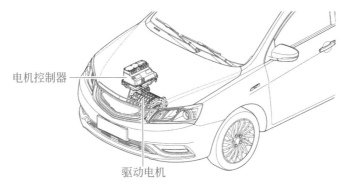

电机控制器

驱动电机

图 4-35　驱动电机位置

④ 拆卸维修开关。

⑤ 拆卸左、右前轮轮胎。

⑥ 拆卸驱动轴。

⑦ 拆卸分线盒。

⑧ 拆卸充电机。

⑨ 拆卸电机控制器上盖。

⑩ 拆卸电机控制器。

⑪ 拆卸三相线束。

⑫ 拆卸冷却液储液罐。

⑬ 拆卸机舱底部护板。

⑭ 拆卸压缩机。

⑮ 拆卸制冷空调管。

⑯ 拆卸制动真空泵。

⑰ 拆卸冷却水泵。

⑱ 使用吊装工具从上端固定驱动电机。

⑲ 拆卸前悬置。

⑳ 拆卸后悬置。

㉑ 拆卸左悬置。

㉒ 拆卸右悬置。

㉓ 拆卸驱动电机及减速器总成。

拆卸电机进、出水管环箍，脱开电机冷却水管。

☀ 注意　

　　水管脱开前请在车辆底部放置容器，接住防冻液，以免污染地面。拆卸或安装水管环箍时都应使用专用的环箍钳。

断开驻车电机线束连接器（图4-36），脱开线束固定卡扣。

　　拆卸动力总成托架搭铁线束固定螺栓，脱开动力总成托架搭铁线束。拆卸动力线束搭铁螺栓。

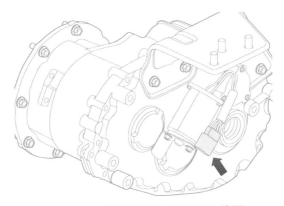

图4-36　断开驻车电机线束连接器

　　如图4-37所示，断开驱动电机线束连接器1，拆卸驱动电机搭铁线束固定螺栓2，脱开驱动电机搭铁线束。

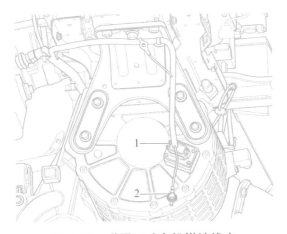

图4-37　脱开驱动电机搭铁线束

脱开动力总成托架上的动力线束卡扣，从动力总成托架上抽出动力线束。

举升吊装工具，移出驱动电机及减速器总成。

㉔ 拆卸减速器总成。

㉕ 拆卸动力总成托架。

（2）驱动电机的安装1　基本按照与拆卸相反的顺序进行安装。

❶ 安装动力总成托架。

❷ 安装减速器总成。

❸ 安装驱动电机及减速器总成。

a. 举升吊装工具，放置驱动电机及减速器总成。

b. 将动力线束布置到动力总成托架上，固定动力线束卡扣。

c. 连接驱动电机线束连接器。连接驱动电机搭铁线束，紧固驱动电机搭铁线束固定螺栓。

d. 连接动力总成托架搭铁线束，紧固固定螺栓。

e. 紧固动力线束搭铁螺栓。

f. 连接驻车电机线束连接器，固定线束卡扣。

g. 连接电机冷却水管，安装水管环箍。

❹ 安装前悬置。

❺ 安装后悬置。

❻ 安装左悬置。

❼ 安装右悬置。

❽ 安装压缩机。

❾ 安装冷却水泵。

❿ 安装制动真空泵。

⓫ 安装制冷空调管。

⓬ 安装冷却液储液罐。

⓭ 安装三相线束。

⓮ 安装电机控制器。

⓯ 安装电机控制器上盖。

⓰ 安装分线盒。

⓱ 安装充电机。

⓲ 安装驱动轴。

⓳ 加注减速器油。

⓴ 安装机舱底部护板。

㉑ 安装左、右前轮轮胎。

㉒ 安装维修开关。

㉓ 加注冷却液。

㉔ 连接蓄电池负极电缆。

㉕ 执行空调制冷剂的加注程序。

㉖ 关闭前机舱盖。

（3）驱动电机拆卸（从机舱底向下落）

从机舱底向下落驱动电机时，按照以下步骤操作。

❶ 使用托顶从下方托住电机（图4-38）。

注意

在支撑前，托顶与电机之间放置木块，以免减速器滑动。

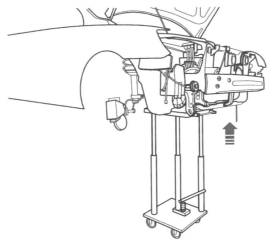

图 4-38　使用托顶从下方托住电机

❷ 拆卸前悬置支架电机侧 4 个固定螺栓（图 4-39）。

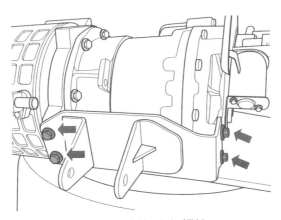

图 4-39　拆卸支架螺栓

❸ 拆卸减速器前部 4 个固定螺栓（图 4-40）。

❹ 拆卸减速器后部 3 个固定螺栓（图 4-41）。

❺ 拆卸电机右固定支架上部 3 个固定螺栓 1；拆卸电机右固定支架下部 4 个固定螺栓 2，取下电机右固定支架（图 4-42）。

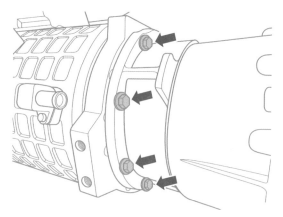

图 4-40　拆卸减速器前部螺栓

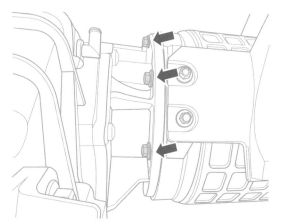

图 4-41　拆卸减速器后部螺栓

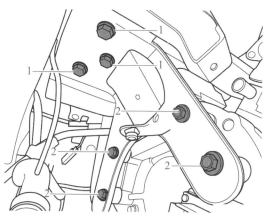

图 4-42　拆卸固定支架螺栓

❻用合适的工具轻撬减速器与电机接合处，使其分离，抽出电机（图4-43）。

（4）驱动电机的安装 2 基本按照与拆卸相反的顺序进行安装。

❶在电机与减速器对接面涂胶密封（图4-44）。

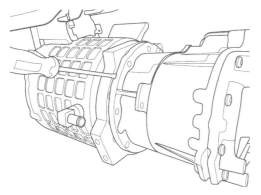
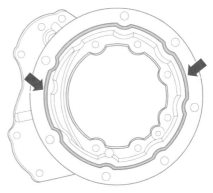

图 4-43　撬开减速器与电机接合处　　　　　图 4-44　涂胶密封

❷装配电机使电机输出轴花键插入减速器输入轴（图4-45）。

减速器法兰端面的定位销应落入电机前端面的安装孔。

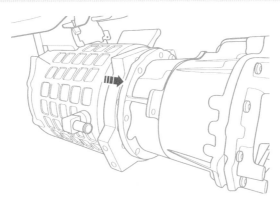

图 4-45　装配电机

❸紧固减速器前部固定螺栓（图4-46）。

连接螺栓紧固时，需采用对角法则拧紧。

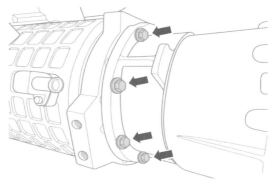

图 4-46　拧紧螺栓

❹ 紧固减速器后部固定螺栓（图 4-47）。

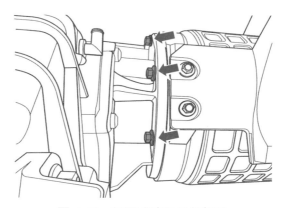

图 4-47　紧固减速器后部螺栓

❺ 放置电机右固定支架，紧固电机右固定支架上部和下部固定螺栓。

❻ 紧固前悬置支架电机侧 4 个固定螺栓（图 4-48）。

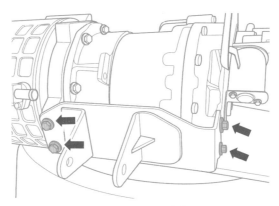

图 4-48　紧固固定螺栓

❼ 连接电机冷却水管，安装水管环箍。

维修提示

环箍装配位置应该与管路标示线对齐。

❽ 连接电机线束连接器。

❾ 连接电机搭铁线束，拆卸电机搭铁线束固定螺栓。

❿ 安装制动真空泵。

⓫ 安装右前驱动轴。

⓬ 加注减速器油。

⓭ 安装右前轮轮胎。

⓮ 安装纵梁。

⓯ 安装压缩机。

⓰ 安装机舱底部护板。

⓱ 安装电机控制器。

⓲ 安装充电机。

⓳ 安装电机控制器上盖。

⓴ 安装三相线束。

㉑ 加装冷却液。

㉒ 安装维修开关。

㉓ 连接蓄电池负极电缆。

㉔ 操作空调制冷剂加注程序。

㉕ 关闭前机舱盖。

三、整车控制器维修

1. 拆卸整车控制器

拆卸整车控制器（图 4-49）时必须执行高压电安装操作规程。

图 4-49　整车控制器

❶ 关闭点火钥匙开关，车辆静置 5min 以上，才可进行拆卸作业。

维修提示

　　正常情况下，在钥匙开关关闭后，高压系统还存在高压电，这是由于电机控制器中高压电容的存在造成的。需要经过一段时间的等待，确保高压电容中的电能完全释放。

❷ 断开蓄电池负极电缆。

❸ 拆下手动维修开关。

❹ 拆卸安装在整车控制器位置的遮挡附件。比如，整车控制器会安装在发动机舱内右侧等位置。

❺ 断开整车控制器上的连接器。

❻ 拆下将整车控制器固定到车身上的螺母或螺栓。

2. 安装整车控制器

（1）安全操作　整车控制器的安装也比较简单，值得注意的是在高压系统高压电池包、驱动电机、高压配电单元、空调压缩机、电加热器、高压线束全部安装完成之前（包括所有连接器的连接），必须确保蓄电池的负极电缆始终处于断开状态，手动维修开关处于断开位置。

（2）自适应学习　更换完 VCU 后，必须用故障诊断仪执行加速踏板位置自适应学习和制动踏板位置自适应学习。

四、电动空调系统维修

1. 拆卸电动压缩机程序

❶ 关闭所有用电器，车辆下电。

❷ 断开蓄电池负极极夹。

❸ 拆卸手动维修开关。

❹ 回收制冷剂。

❺ 拆卸压缩机吸气管总成和压缩机排气管总成。

❻ 拆卸电动压缩机总成。

a. 断开线束连接插头。

b. 旋出线束搭铁螺栓。

c. 脱开线束固定卡扣。

d. 旋出压缩机带支架总成。

e. 取出压缩机带支架总成。

f. 旋出固定螺栓，取出电动压缩机总成。

2. 安装电动压缩机程序

安装程序以倒序进行，与传统发动机汽车更换空调压缩机一致，同时注意下列事项。

❶ 安装完后，进行空调系统抽真空。

❷ 安装完后，加注空调制冷剂，并检查空调系统运行情况。

第二节　辅助控制策略及维修

一、低速报警系统

低速报警系统（AVAS）外接电源的工作电压为 9～16V（标称电压 12V），该电源电压经过电源管理模块转换成稳定 5V 电压，为 CAN 驱动芯片、运放芯片、电源开关电路、MCU 芯片等供电；AVAS 通过 CAN 总线，从整车处获取相应的车速、挡位等信息，并回传给 MCU，MCU 根据获取到的相应信息，通过音频处理将信号输入功放模块，功放模块将功放输入信号放大输出后，驱动扬声器，发出相应模拟音。低速报警系统安装位置见图 4-50。

图 4-50　低速报警系统安装位置
1—外接电源；2—螺钉；3—电源管理模块

AVAS 接收到电源状态信号为准备就绪时，进入待机状态，当接收到 CAN 线发送的挡位信号和车速信号后，根据当前的挡位及车速信息控制声音的输出，并将 AVAS 当前的状态发送到总线上。

（1）AVAS 发声条件　电源状态信号准备就绪，且挡位信号处于倒挡 R 或者 D 挡，0< 车速≤ 30km/h 且通信有效。

（2）AVAS 不发声条件　电源状态信号没有准备就绪，或挡位处于 N/P 挡，车速大于 30km/h 或车速为 0，或通信失效或出现故障。

（3）AVAS 声音变化　AVAS 声音大小和频率随车速变化的情况如下。

❶ 前进挡时 AVAS 发声情况见表 4-1。

表 4-1　前进挡时 AVAS 发声情况

当前状态	信号状态	信号转移状态	输出状态	备注
AVAS 不发声	挡位：P/N 车速：0 Ready：ON 状态	挡位：D 车速：20km/h Ready：ON 状态	AVAS 发出前进挡声音，并且速度变化过程中有频率和声音大小变化	声音由小变大，频率由低变高
AVAS 20km/h 发声	挡位：D 车速：20km/h Ready：ON 状态	挡位：D 车速：30km/h Ready：ON 状态	AVAS 发出前进挡声音，并且速度变化过程中有频率和声音大小变化，速度大于 30km/h 时停止发声	声音由大变小，直到速度大于 30km/h 停止发声，频率由低变高
AVAS 不发声	挡位：D 车速：30km/h Ready：ON 状态	挡位：D 车速：20km/h Ready：ON 状态	AVAS 发出前进挡声音，并且速度变化过程中有频率和声音大小变化	声音由小变大，频率由高变低
AVAS 20km/h 发声	挡位：D 车速：20km/h Ready：ON 状态	挡位：D 车速：0 Ready：ON 状态	AVAS 发出前进挡声音，并且速度变化过程中有频率和声音大小变化，速度为 0 时停止发声	声音由大变小，直到速度为 0 时停止发声，频率由高变低

❷ 倒挡时 AVAS 发声情况见表 4-2。

表 4-2　倒挡时 AVAS 发声情况

当前状态	信号状态	信号转移状态	输出状态	备注
AVAS 不发声	挡位：P/N 车速：0 Ready：ON 状态	挡位：R 车速：6km/h Ready：ON 状态	AVAS 发出倒挡声音，并且速度变化过程中有频率和声音大小变化	声音由小变大，频率由低变高
AVAS 6km/h 发声	挡位 R 车速：6km/h Ready：ON 状态	挡位：R 车速：20km/h Ready：ON 状态	AVAS 发出倒挡声音，并且速度变化过程中频率和声音大小无变化	声音大小和频率不变

续表

当前状态	信号状态	信号转移状态	输出状态	备注
AVAS 20km/h 发声	挡位：R 车速：6km/h Ready：ON 状态	挡位：R 车速：30km/h Ready：ON 状态	AVAS 发出倒挡声音，并且速度变化过程中有频率和声音大小变化，速度大于30km/h 时停止发声	声音由大变小，频率由高变低
AVAS 不发声	挡位：R 车速：30km/h Ready：ON 状态	挡位：R 车速：20km/h Ready：ON 状态	AVAS 发出倒挡声音，并且速度变化过程中有频率和声音大小变化	声音由小变大，频率由高变低
AVAS 6km/h 发声	挡位：R 车速：6km/h Ready：ON 状态	挡位：R 车速：0 Ready：ON 状态	AVAS 发出倒挡声音，并且速度变化过程中有频率和声音大小变化，速度为0时停止发声	声音由大变小，直到速度为0时停止发声，频率由高变低
AVAS 20km/h 发声	挡位：R 车速：20km/h Ready：ON 状态	挡位：R 车速：6km/h Ready：ON 状态	AVAS 发出倒挡声音，并且速度变化过程中频率和声音大小无变化	声音大小和频率不变

二、加速控制

如图 4-51 所示为加速踏板位置传感器，内置在加速踏板中。

将加速踏板踩下作为确定驱动电机驱动扭矩的基本信息。加速踏板踩下量作为加速踏板位置信号发送到 VCU。这与传统的发动机加速策略是一样的，只不过传统汽车采用的是发动机电脑，在这里则采用整车控制器（VCU）。

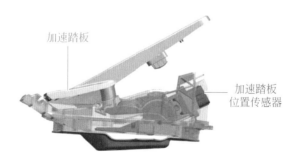

加速踏板

加速踏板位置传感器

图 4-51 加速踏板位置传感器的位置

当电流从 IC 流到励磁线圈时，接收线圈会产生电压，该电压在励磁线圈、转子线圈和接收线圈之间引起电磁感应（图 4-52）。当转子线圈的位置关系改变时，产生的电压就会改变。

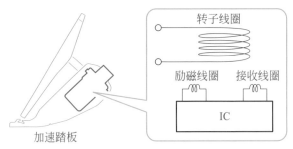

图 4-52　加速踏板位置传感器工作原理 1

加速踏板位置传感器将检测到的加速踏板踩下量作为加速踏板位置的主信号（No.1）和副信号（No.2）发送给 VCU（图 4-53）。

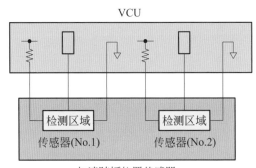

图 4-53　加速踏板位置传感器工作原理 2

三、总线控制

1. CAN 总线结构

（1）CAN 总线结构　如图 4-54 所示，扭绞在一起的两根导线形成的双绞线就是 CAN 总线，目的在于使干扰信号同时作用到两条导线上，通过"差动传输"就可大大降低干扰信号对系统的影响。

图 4-54　CAN 总线

（2）CAN 拓扑结构　CAN 总线控制设备相互连接，进行数据交换。如图 4-55 所示为比亚迪 2021 年款唐 EV 的动力系统总线拓扑图。如图 4-56 所示为大众某款电动汽车总线拓扑图。

158

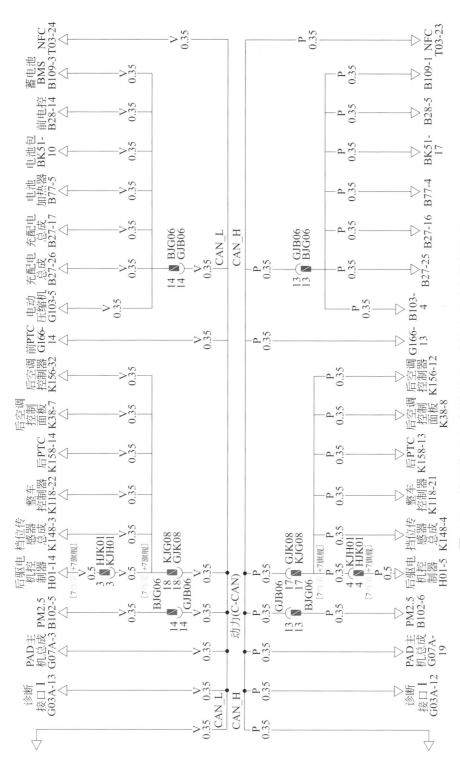

图 4-55 比亚迪 2021 年款唐 EV 的动力系统总线拓扑图

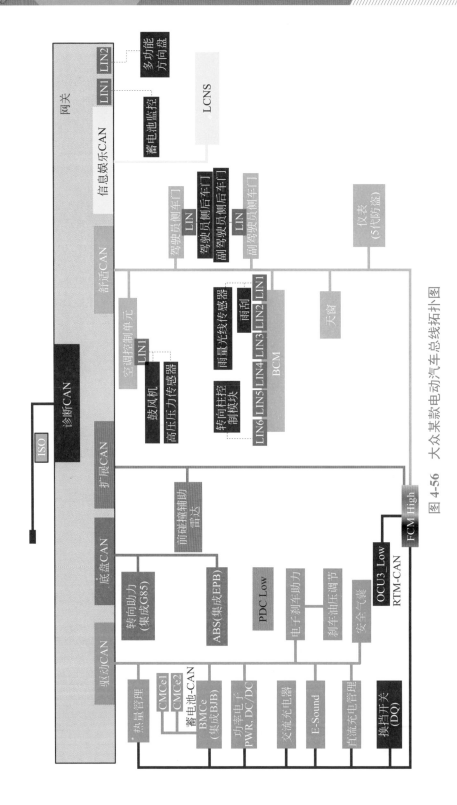

图 4-56 大众某款电动汽车总线拓扑图

2. CAN 总线检测的基本原则

（1）电压　无论是什么 CAN 总线，其 CAN-H 和 CAN-L 的电压相加始终是 5V，这是汽车维修中检测总线故障的一个重要依据。

高速 CAN 总线是差分总线，CAN-H 和 CAN-L 从静止或闲置电平驱动到相反的极限。大约为 2.5V 的闲置电平被认为是隐性传输数据并解释为逻辑 1。将线路驱动至极限时，高速 CAN-H 将升高 1V 而 CAN-L 将降低 1V。极限电压差 2V 被认为是显性传输数据并解释为逻辑 0（图 4-57）。

如果通信信号丢失，程序将针对各控制模块设置失去通信故障诊断码，该故障诊断码可被故障诊断仪读取。

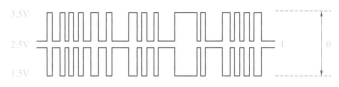

图 4-57　CAN 总线逻辑

（2）终端电阻　CAN 总线终端电阻的作用是避免数据传输终了反射回来，产生反射波而使数据遭到破坏。

CAN 总线两端接 120Ω 的抑制反射的终端电阻，它对匹配总线阻抗起着非常重要的作用，如果忽略此电阻，会使数字通信的抗干扰性和可靠性大大降低，甚至无法通信。这也是诊断 CAN 总线故障的一个重要依据。

3. 以太网

汽车以太网是一个广泛的概念，它涵盖了 OSI 模型的各个层级，整合了众多国际标准组织的相关协议和行业标准。车载以太网应用是汽车电动化和智能化发展的需求。目前，混合 / 电动车型上有 50 ～ 80 个汽车以太网节点，比传统低端汽车上的以太网节点要多，有 40% 的已售车上使用汽车以太网。据报道，到 2025 年汽车以太网的市场渗透率将增加至 80%。

现有的车载网络技术并不能满足电动汽车智能化复杂的应用，如 ADAS 系统、高质量视听车载娱乐系统及云服务和大数据等。车载以太网可以在非屏蔽或屏蔽双绞线上实现更高带宽（非屏蔽双绞线可支持 15m 的传输距离，屏蔽双绞线可支持 40m 的传输距离），100M 车载以太网的 PHY 采用了 1G 以太网的技术，可满足汽车的智能网联摄像头、交通控制和管理等高速主干网需求。车载网络必须能够同时支持多种系统和设备，而且网络需要具备聚合能力，车载以太网完全满足兼容性和开放式架构需求并允许单一网络上的会聚服务。所以，以太网用于高度集中的智能化车新型电子电气架构，符合汽车电动化智能网联汽车技术需求（图 4-58）。

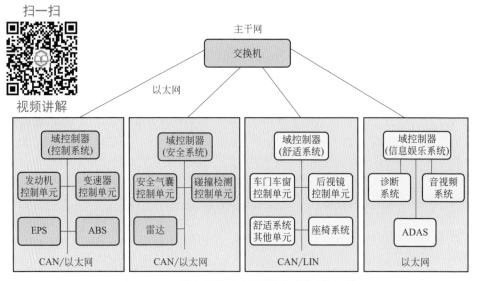

图 4-58　以太网为主干网的车载网络架构

四、制动控制和能量回收

1. 能量回收策略

能量回收制动策略是实现车辆在滑行或制动工况下，电机制动回收电能，并对动力电池充电，增加续航里程的策略。当制动开始时，制动系统会降低制动器的制动力，增加电机产生的制动力，生成再生能源。当车辆速度下降时，制动器的制动力增加，电机生成再生能源的制动力被降低，整体制动力保持不变。制动控制系统见图4-59。

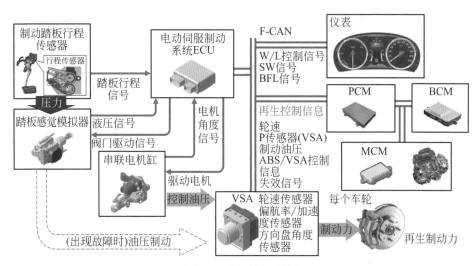

图 4-59　制动控制结构

混合动力汽车 EV 模式下的能量回收见图 4-60。混合动力汽车 HEV 模式下的充电模式见图 4-61。

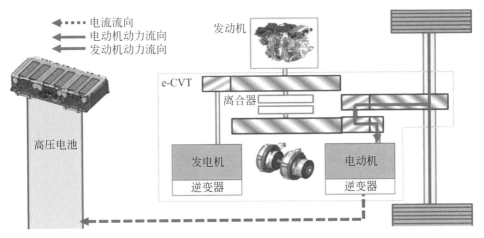

图 4-60 混合动力汽车 EV 模式下的能量回收

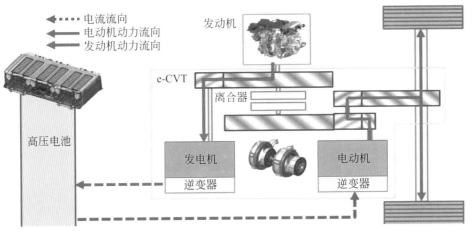

图 4-61 混合动力汽车 HEV 模式下的充电模式

维修提示

　　不同制动能量回收级别的电驱动装置制动效果明显不同。随着高压蓄电池电量的增加，制动能量回收作用以及电驱动装置制动作用将降低。当高压蓄电池完全充满电后，将不再进行制动能量回收，且不再提供电驱动装置制动作用。如果汽车识别出道路状况不允许车轮与道路之间产生可靠的接触，则制动能量回收会自动减小，由此电驱动装置制动作用也会自动减小。

能量回收控制策略是车辆在滑行、减速、下坡或制动工况下，电机自动回收电能，并且对动力电池进行充电，从而增加续驶里程。以加速踏板位置传感器、制动踏板开关以及挡位信号作为整车控制器的 VCU 输入，VCU 将电机制动转矩控制指令传输至电机控制器，进而控制电机通过传动装置将制动转矩输出至车轮端，其中电机回收的电能由电机控制器整流滤波后回充至动力电池，达到增加续驶里程的目的。

维修提示

插电式混合动力汽车外接交流慢充和 DC/DC 转换器充电及能量回收系统，与电动汽车充电方式基本一样，不同的是当动力电池的 SOC 低于额定值时，将会启动发动机并带动发电机进行发电，从而向动力电池充电。

2. 滑行能量回收

加速踏板和制动踏板处于松开状态，车辆滑行过程中进行滑行能量回收。

3. 制动能量回收

驾驶员踩下制动踏板，进行制动能量回收。

4. 能量回收制动查看

能量回收制动可通过仪表板能量表查看（图 4-62）。长按方向盘上的滚轮可选择查看能量表。

扫一扫

视频讲解

图 4-62　仪表板能量表

5. 影响能量回收制动的因素

通过能量回收制动反馈给动力电池的能量的大小，取决于以下因素。

（1）动力电池当前的状态

❶ 动力电池已充满电。

❷ 动力电池温度较低。

❸ 动力电池温度较高。

（2）使用的能量回收设置 车辆上电时，如图 4-63 所示，点击选择能量回收等级。能量回收制动根据能量回收等级，自行调整能量回收大小。

图 4-63 能量等级显示

（3）能量回收模式 不同的能量回收模式具有不同的能量回收强度，高能量回收模式具有最大的能量回收制动。

维修提示

① 如果能量回收制动显著地降低了速度（例如：在陡坡上行驶时），制动灯会点亮，提醒后方车辆驾驶员前车在减速。

② 通过能量回收制动减速不能替代保障安全所需的制动，驾驶员应根据实际情况及时对车辆施加制动。

第三节 基本检测和诊断技能

一、驱动控制系统诊断

1. 电机缺相的检测

电机缺相是指电机内部发生了某一相或两相不通电，其主要原因可能有：电机内某相烧毁、电缆与电机内部绕线断开连接或电缆接头由于未拧紧发生烧蚀。

❶ 打开电机控制器小盖板，检查电缆接头有无烧蚀现象。

❷ 利用万用表分别检测电机的 A 相与 B 相之间、B 相 C 相之间、A 相 C 相之间电阻来判断是否发生缺相，A 相和 B 相之间、B 相和 C 相之间、A 相和 C 相之间

的差值大于 0.5Ω 即判定为电机缺相，应更换电机。

将维修开关拔掉，打开电机控制器小盖板，将 U、V、W 三相线螺栓松开（图 4-64），将万用表打至最小单位刻度挡，测量相间的阻值。

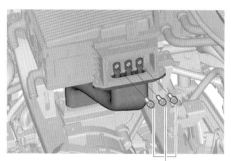

螺栓

图 4-64　U、V、W 三相线

2. 电驱系统绝缘故障的检测

（1）测试说明　测试时，先将整车钥匙取下或置于 OFF 挡，拔掉高压维修开关，确认母线电压低于 5V 后，拔掉电机控制器端信号线插件。

（2）绝缘检测　驱动电机绝缘故障常因为电机内部进水，或者是电机的绝缘层受热失效，或者是绕组某处烧蚀对地短接；电机控制器绝缘故障常因为控制器内部进水，或者是爬电距离变小。

❶ 调整好绝缘检测表，选择测试电压为 1000V 挡。

❷ 当电驱系统发生绝缘故障时，常会引起控制器报模块故障，或者是整车绝缘故障。检查电驱系统绝缘故障时应将电机系统从整车上脱离（将高压配电盒到 MCU 的动力电缆插件拔出，确保电驱系统从整车上分离），分别对电机系统的正负极对地用绝缘表进行测试，要求测试时电机温度接近常温，绝缘表测试电压 1000V，测试结果阻值应大于 20MΩ。若低于此值，则需进一步判定是电机的问题还是控制器的问题。

❸ 打开控制器小盖板，将三相线螺栓拆掉，将线与安装底座脱开，单独对电机控制器进行绝缘测试，如果测试结果阻值低于 20MΩ，判定为控制器损坏，请更换控制器。

❹ 如果控制器绝缘阻值大于 20MΩ，则需对电机单体进行绝缘测试，红表笔连接电机三相端子，黑表笔连接电机壳体，如果测试结果小于 20MΩ，则更换电机；否则，认为电机绝缘正常。

（3）判别标准　绝缘阻值大于 20MΩ。

3. 电机控制器低压供电故障

电机控制器低压供电故障一般表现为蓄电池电压过压故障、蓄电池电压欠压故障和低压端输出与蓄电池连接断开故障。

（1）电机控制器低压供电电路　见图 4-65。

（2）检测和确定故障点

第一：检查蓄电池电压。

❶ 操作启动开关使电源模式至 OFF 状态。

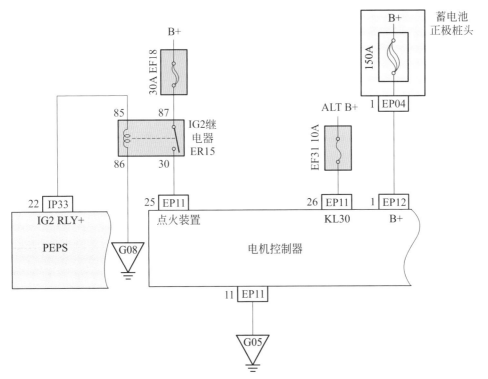

图 4-65　电机控制器低压供电电路

表 4-3　检测端子及标准电压（1）

万用表连接插件端子	条件 / 状态	应测得结果
蓄电池正极 - 蓄电池负极	启动开关 OFF 状态	11 ~ 14V

❷ 确认测量值是否符合标准（表 4-3 和图 4-65）。

如果测量值不符合标准值，则更换蓄电池或为蓄电池充电。

如果测量值符合标准值，则需要接着往下一步检查。

第二：检查电机控制器熔丝和蓄电池正极柱头熔丝是否熔断。

如果熔丝已经熔断，则需要检修熔丝线路，更换额定容量的熔丝。

如果熔丝没有熔断，则需要接着往下一步检查。

第三：检查电机控制器电源电压。

❶ 操作启动开关使电源模式至 OFF 状态。

❷ 断开电机控制器线束连接器。

❸ 操作启动开关使电源模式至 ON 状态。

❹ 用万用表测量电机控制器线束（表 4-4 和图 4-65）

167

表 4-4　检测端子及标准电压（2）

万用表连接插件端子	条件 / 状态	应测得结果
EP11/25 - 车身接地	启动开关 ON 状态	11 ～ 14V
EP11/26 - 车身接地	开关 ON 状态	11 ～ 14V

❺ 确认测量值是否符合标准。

如果测量值符合标准值，则修理或更换线束。

如果测量值不符合标准值，则需要接着往下一步检查。

第四：检查电机控制器接地电阻（表 4-5 和图 4-65）。

表 4-5　检测端子及标准电阻（1）

万用表连接插件端子	条件 / 状态	应测得结果
EP11/11 - 车身接地	启动开关 OFF 状态	＜ 1Ω

如果测量值符合标准值，则修理或更换线束。

如果测量值不符合标准值，则需要接着往下一步检查。

第五：检查 DC/DC 与蓄电池之间的线路。

❶ 操作启动开关，使电源模式至 OFF 状态。

❷ 断开蓄电池负极电缆。

❸ 断开电机控制器线束连接器 EP12（表 4-6 和图 4-65）。

表 4-6　检测端子及标准电阻（2）

万用表连接插件端子	条件 / 状态	应测得结果
EP12/1 - 蓄电池 +	启动开关 OFF 状态断开蓄电池 +	＜ 1Ω

❹ 确认测量值是否符合标准。

如果测量值符合标准值，则修理或更换线束。

如果测量值不符合标准，则需要更换电机控制器。

4. 电机控制器高压供电故障

通过数据流读出数值，对比电池管理系统 BMS 上报的母线电压与电机控制器上报的母线电压，判断两者的电压相差是否过大。

如果两者的电压相差不大，则系统正常。

如果相差过大，则更换电机控制器。

5. 电机控制器通信故障

（1）电机控制器通信电路　见图 4-66。

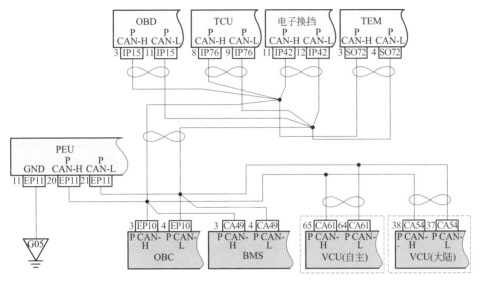

图 4-66　电机控制器通信电路

（2）检测和确定故障点

第一：使用故障诊断仪读取故障码。

❶ 操作启动开关使电源模式至 ON 状态。

❷ 连接故障诊断仪，读取系统故障码。

❸ 确认系统是否存在其他故障码。

如果系统存在其他故障码，则优先排除其他故障码指示故障。

如果系统不存在其他故障码，则需要接着往下一步检查。

第二：检查电机控制器的通信屏蔽线路。

❶ 断开电机控制器线束连接器 EP11（表 4-7 和图 4-66）。

表 4-7　检测端子及标准电阻（3）

万用表连接插件端子	条件 / 状态	应测得结果
EP11/10- 车身接地	启动开关 OFF 状态	＜ 1Ω

❷ 确认测量值是否符合标准。

如果测量值不符合标准，则修理或更换线束。

如果测量值符合标准，则需要接着往下一步检查。

第三：检查电机控制器的通信线路。

❶ 检测见表 4-8 和图 4-66。

表 4-8　检测端子及标准电阻（4）

万用表连接插件端子	条件 / 状态	应测得结果
EP11/21-OBD 接口 /11	启动开关 OFF 状态	< 1Ω
EP11/20-OBD 接口 /3	启动开关 OFF 状态	< 1Ω

❷ 确认测量值是否符合标准。

如果测量值不符合标准，则修理或更换线束。

如果测量值符合标准，则需要接着往下一步检查。

第四：进行 P-CAN 网络完整性检查。

❶ 检测见表 4-9 和图 4-66。

表 4-9　检测端子及标准电阻（5）

万用表连接插件端子	条件 / 状态	应测得结果
OBD 接口 /3-OBD 接口 /11	启动开关 OFF 状态	55 ～ 67.5Ω

❷ 确认测量值是否符合标准。

如果测量值不符合标准，则优先排除 P-CAN 网络不完整故障。

如果测量值符合标准，则需要更换电机控制器。

a. 断开蓄电池负极电缆。

b. 拆卸维修开关。

c. 更换电机控制器，故障排除。

这样，比较完整的一个诊断程序结束。

6.驱动电机旋变信号故障

（1）驱动电机旋变信号电路　见图 4-67。

（2）检测和确定故障点

第一：检测电机旋变的正弦、余弦、励磁电阻值。

标准电阻见表 4-10。

表 4-10　标准电阻

余弦	正弦	励磁
（14.5±1.5）Ω	（13.5±1.5）Ω	（9.5±1.5）Ω

第二：检测驱动电机旋变信号屏蔽线路。

❶ 操作启动开关使电源模式至 OFF 状态，拆卸维修开关。

❷ 检测见表 4-11 和图 4-67。

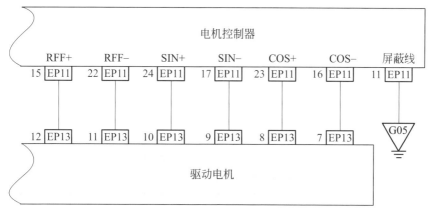

图 4-67 驱动电机旋变信号电路

表 4-11 检测端子及标准电阻（6）

万用表连接插件端子	条件 / 状态	应测得结果
EP11/21- 车身接地	启动开关 ON 状态	< 1Ω

❸ 确认测量值是否符合标准。

如果测量值不符合标准，则修理或更换线束。

如果测量值符合标准，则需要接着往下一步检查。

第三：检测驱动电机余弦旋变信号线路。

❶ 操作启动开关使电源模式至 OFF 状态，拆卸维修开关。

❷ 操作启动开关使电源模式至 ON 状态。

❸ 断开驱动电机线束连接器 EP13；断开电机控制器线束连接器 EP11。

❹ 检测见表 4-12、表 4-13 和图 4-67。

表 4-12 检测端子及标准电阻（7）

万用表连接插件端子	条件 / 状态	应测得结果
EP13/7-EP11/16	启动开关 ON 状态	< 1Ω
EP13/8-EP11/23	启动开关 ON 状态	< 1Ω
EP13/8-EP13/8	启动开关 ON 状态	≥ 10kΩ
EP13/7-EP11/8	启动开关 ON 状态	≥ 10kΩ
EP13/7 - 车身接地	启动开关 ON 状态	≥ 10kΩ
EP13/8 - 车身接地	启动开关 ON 状态	≥ 10kΩ

表 4-13　检测端子及标准电压（3）

万用表连接插件端子	条件 / 状态	应测得结果
EP13/7 - 车身接地	启动开关 ON 状态	0
EP13/8 - 车身接地	启动开关 ON 状态	0

❺ 确认测量值是否符合标准。

如果测量值不符合标准，则修理或更换线束。

如果测量值符合标准，则执行下一步。

第四：检测驱动电机正弦旋变信号线路。

❶ 操作启动开关使电源模式至 OFF 状态。

❷ 断开蓄电池负极电缆，拆卸维修开关。

❸ 检测见表 4-14、表 4-15 和图 4-67。

表 4-14　检测端子及标准电阻（8）

万用表连接插件端子	条件 / 状态	应测得结果
EP13/9-EP11/17	启动开关 ON 状态	$< 1\Omega$
EP13/9-EP11/10	启动开关 ON 状态	$< 1\Omega$
EP13/9 - 车身接地	启动开关 ON 状态	$\geqslant 10k\Omega$
EP13/10 - 车身接地	启动开关 ON 状态	$\geqslant 10k\Omega$

表 4-15　检测端子及标准电压（4）

万用表连接插件端子	条件 / 状态	应测得结果
EP13/9- 车身接地	启动开关 ON 状态	0
EP13/10- 车身接地	启动开关 ON 状态	0

❹ 确认测量值是否符合标准。

如果测量值不符合标准，则修理或更换线束。

如果测量值符合标准，则需要接着往下一步检查。

第五：检测驱动电机励磁旋变信号线路。

❶ 操作启动开关，使电源模式至 OFF 状态。

❷ 断开蓄电池负极电缆；拆卸维修开关。

❸ 检测见表 4-16、表 4-17 和图 4-67。

表4-16 检测端子及标准电阻（9）

万用表连接插件端子	条件 / 状态	应测得结果
EP13/11-EP11/22	启动开关 ON 状态	< 1Ω
EP13/12-EP11/15	启动开关 ON 状态	< 1Ω
EP13/11-EP11/12	启动开关 ON 状态	≥ 10kΩ
EP13/11 - 车身接地	启动开关 ON 状态	≥ 10kΩ
EP13/12 - 车身接地	启动开关 ON 状态	≥ 10kΩ

表4-17 检测端子及标准电压（5）

万用表连接插件端子	条件 / 状态	应测得结果
EP13/11 - 车身接地	启动开关 ON 状态	0
EP13/12 - 车身接地	启动开关 ON 状态	0

❹ 确认测量值是否符合标准。

如果测量值不符合标准，则修理或更换线束。

如果测量值符合标准，则需要更换电机控制器。

7. 电机温度过高故障

（1）检测电机温度过高需要的电路 见图4-68。

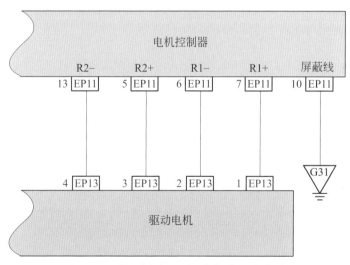

图4-68 检测电机温度过高需要的电路

（2）检测和确定故障点

第一：使用故障诊断仪读取故障码。

如果存在系统故障码，则优先排除其他故障码指示故障。

如果不存在系统故障码，则需要接着往下一步检查。

第二：检查冷却液是否充足。

❶ 检查管路应无弯曲、折叠、漏水现象。

❷ 确认膨胀罐中的冷却液位是否正常。

如果冷却液位不正常，则需要添加冷却液。

如果冷却液位正常，则需要接着往下一步检查。

第三：检查冷却水泵是否正常。

❶ 操作启动开关，使电源模式至 ON 状态。

❷ 确认冷却水泵是否正常工作。

如果冷却水泵工作不正常，则优先排除冷却系统故障。

如果冷却水泵工作正常，则需要接着往下一步检查。

第四：检测驱动电机信号屏蔽线路。

❶ 操作启动开关，使电源模式至 OFF 状态。

❷ 断开蓄电池负极电缆，拆卸维修开关。

❸ 然后操作启动开关使电源模式至 ON 状态，准备进行电路测量。

❹ 检测见表 4-18、表 4-19 和图 4-68。

表 4-18　检测端子及标准电阻（10）

万用表连接插件端子	条件 / 状态	应测得结果
EP11/10 - 车身接地	启动开关 ON 状态	＜ 1Ω
EP13/1-EP11/7	启动开关 ON 状态	＜ 1Ω
EP13/2-EP11/6	启动开关 ON 状态	＜ 1Ω
EP13/1-EP13/2	启动开关 ON 状态	≥ 10kΩ
EP13/1 - 车身接地	启动开关 ON 状态	≥ 10kΩ
EP13/2 - 车身接地	启动开关 ON 状态	≥ 10kΩ

表 4-19　检测端子及标准电压（6）

万用表连接插件端子	条件 / 状态	应测得结果
EP13/1 - 车身接地	启动开关 ON 状态	0
EP13/2 - 车身接地	启动开关 ON 状态	0

❺ 确认测量值是否符合标准。

如果测量值不符合标准，则修理或更换线束。

如果测量值符合标准，则需要接着往下一步检查。

第五：检查电机温度传感器自身的阻值是否随温度升高而降低或随温度降低而升高。

第六：检查电机温度传感器 1 信号线路。

❶ 操作启动开关，使电源模式至 OFF 状态。

❷ 断开蓄电池负极电缆。

❸ 拆卸维修开关。

❹ 操作启动开关，使电源模式至 ON 状态。

❺ 断开驱动电机线束连接器 EP13 和电机控制器线束连接器 EP11。

❻ 检测见表 4-20、表 4-21 和图 4-68。

表 4-20 检测端子及标准电阻（11）

万用表连接插件端子	条件 / 状态	应测得结果
EP13/3-EP11/5	启动开关 ON 状态	$< 1\Omega$
EP13/4-EP11/13	启动开关 ON 状态	$< 1\Omega$
EP13/3 - 车身接地	启动开关 ON 状态	$\geqslant 10k\Omega$
EP13/4 - 车身接地	启动开关 ON 状态	$\geqslant 10k\Omega$

表 4-21 检测端子及标准电压（7）

万用表连接插件端子	条件 / 状态	应测得结果
EP13/3 - 车身接地	启动开关 ON 状态	0
EP13/4 - 车身接地	启动开关 ON 状态	0

❼ 确认测量值是否符合标准。

如果测量值不符合标准，则修理或更换线束。

如果测量值符合标准，则需要更换电机控制器。

8. 驱动电机三相线束故障

（1）驱动电机三相线束故障需要电路 见图 4-69。

（2）检测和确定故障点 对于驱动电机三相线束故障，如果故障诊断仪执行检测诊断，多数会显示"电流控制不合理故障"。

第一：检测驱动电机三相线束是否相互短路故障。

❶ 操作启动开关，使电源模式至 OFF 状态。

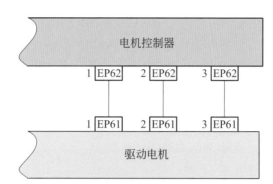

图 4-69　驱动电机三相线束故障需要电路

❷ 断开蓄电池负极电缆，拆卸维修开关。

❸ 断开驱动电机三相线束连接器 EP61；断开电机控制器三相线束连接器 EP62。

❹ 检测见表 4-22 和图 4-69。

表 4-22　检测端子及标准电阻（12）

万用表连接插件端子	条件 / 状态	应测得结果 /kΩ
EP61/1-EP61/2	启动开关 OFF 状态	≥ 20
EP61/1-EP61/3	启动开关 OFF 状态	≥ 20
EP61/2-EP61/3	启动开关 OFF 状态	≥ 20

❺ 确认测量值是否符合标准。

如果测量值不符合标准，则需要修理或更换线束。

如果测量值符合标准，则需要接着往下一步检查。

第二：检测驱动电机三相线束断路故障。

❶ 操作启动开关，使电源模式至 OFF 状态；断开蓄电池负极电缆。

❷ 拆卸维修开关。

❸ 断开驱动电机三相线束连接器 EP61。

❹ 断开电机控制器三相线束连接器 EP62。

❺ 检测见表 4-23 和图 4-69。

表 4-23　检测端子及标准电阻（13）

万用表连接插件端子	条件 / 状态	应测得结果 /Ω
EP61/1-EP62/1	启动开关 OFF 状态	< 1
EP61/2-EP62/2	启动开关 OFF 状态	< 1
EP61/3-EP62/3	启动开关 OFF 状态	< 1

❻ 确认测量值是否符合标准。

如果测量值不符合标准，则需要修理或更换线束。

如果测量值符合标准，则需要接着往下一步检查。

第三：检测驱动电机三相线对地短路故障。

❶ 检测见表 4-24 和图 4-69。

表 4-24　检测端子及标准电阻（14）

万用表连接插件端子	条件 / 状态	应测得结果 /kΩ
EP61/1- 车身接地	启动开关 OFF 状态	≥ 20
EP61/2- 车身接地	启动开关 OFF 状态	≥ 20
EP61/3- 车身接地	启动开关 OFF 状态	≥ 20

❷ 确认测量值是否符合标准。

如果测量值不符合标准，则需要修理或更换线束。

如果测量值符合标准，则需要更换电机控制器。

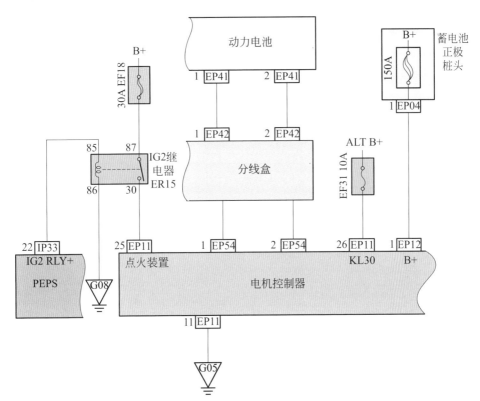

图 4-70　电机控制器 DC/DC 故障需要的电路

9. 电机控制器 DC/DC 故障

（1）电机控制器 DC/DC 故障需要的电路　见图 4-70。

（2）检测和确定故障点

第一：检查蓄电池电压。

测量端子及标准电压见表 4-25。

表 4-25　检测端子及标准电压（8）

万用表连接插件端子	条件 / 状态	应测得结果
蓄电池正极 - 蓄电池负极	启动开关 OFF 状态	11 ～ 14V

第二：检查电机控制器熔丝。

如果熔丝已经熔断，则检修熔丝线路，更换额定容量熔丝。

如果熔丝没有熔断，则需要接着往下一步检查。

第三：检查电机控制器低压电源电压。

❶ 操作启动开关，使电源模式至 OFF 状态。

❷ 断开电机控制器线束连接器。

❸ 操作启动开关，使电源模式至 ON 状态。

❹ 检测见表 4-26 和图 4-70。

表 4-26　检测端子及标准电压（9）

万用表连接插件端子	条件 / 状态	应测得结果 /V
EP11/25 - 车身接地	启动开关 ON 状态	11 ～ 14
EP11/26 - 车身接地	启动开关 ON 状态	11 ～ 14

❺ 确认测量值是否符合标准。

如果测量值不符合标准，则需要修理或更换线束。

如果测量值符合标准，则需要接着往下一步检查。

第四：检查电机控制器接地电阻。

❶ 操作启动开关，使电源模式至 OFF 状态。

❷ 断开电机控制器线束连接器。

❸ 检测见表 4-27 和图 4-70。

表 4-27　检测端子及标准电阻（15）

万用表连接插件端子	条件 / 状态	应测得结果
EP11/25 - 车身接地	启动开关 ON 状态	< 1Ω

❹ 确认测量值是否符合标准。

如果测量值不符合标准，则需要修理或更换线束。

如果测量值符合标准，则需要接着往下一步检查。

第五：检查分线盒线束。

❶ 操作启动开关，使电源模式至 OFF 状态。

❷ 断开蓄电池负极电缆，拆卸维修开关。

❸ 断开电机控制器高压线束连接器 EP54 和直流母线线束连接器 EP42（分线盒侧）。

❹ 检测见表表 4-28 和图 4-70。

表 4-28　检测端子及标准电阻（16）

万用表连接插件端子	条件 / 状态	应测得结果 /Ω
EP54/1-EP42/1	启动开关 OFF 状态	＜ 1
EP54/2-EP42/2	启动开关 OFF 状态	＜ 1
EP61/3-EP62/3	启动开关 OFF 状态	＜ 1

❺ 确认测量值是否符合标准。

如果测量值符合标准，则需要修理或更换线束。

如果测量值不符合标准，则需要接着往下一步检查。

第六：检测 DC/DC 与蓄电池之间的线路。

❶ 操作启动开关，使电源模式至 OFF 状态。

❷ 断开蓄电池负极电缆。

❸ 断开电机控制器线束连接器。

❹ 断开蓄电池正极电缆。

❺ 检测见表 4-29 和图 4-70。

表 4-29　检测端子及标准电阻（17）

万用表连接插件端子	条件 / 状态	应测得结果
EP12/1 - 蓄电池 +	启动开关 OFF 状态	＜ 1Ω

❻ 确认测量值是否符合标准。

如果测量值符合标准，则需要修理或更换线束。

如果测量值不符合标准，则需要更换电机控制器。

10. 电机转子偏移角检查

第一：使用诊断仪读取故障码。

❶ 操作启动开关，使电源模式至 ON 状态。

❷ 连接诊断仪读取故障码。

❸ 检查车辆是否有其他故障码。

如果车辆有其他故障码，请根据故障码表优先排除其他故障。

如果车辆没有其他故障码，则需要接着往下一步检查。

第二：使用诊断仪读取偏移角。

❶ 操作启动开关，使电源模式至 ON 状态。

❷ 连接诊断仪读取电机当前转子偏移角。

❸ 读取偏移角，检查是否在标准范围内。

如果偏移角在标准范围内，则系统正常。

如果偏移角不在标准范围内，则需要接着往下一步检查。

第三：使用诊断仪标定偏移角。

❶ 操作启动开关，使电源模式至 ON 状态。

❷ 连接诊断仪，根据电机铭牌上的标准值重新标定转子偏移角。

❸ 确认标定完成。

二、整车控制系统诊断

1. 挡位故障

进行上电复位，如果不能清除故障灯，则检查线束是否短路或者断路；如果线束连接正常，排挡开关可能有问题，则更换排挡开关（图 4-71）。

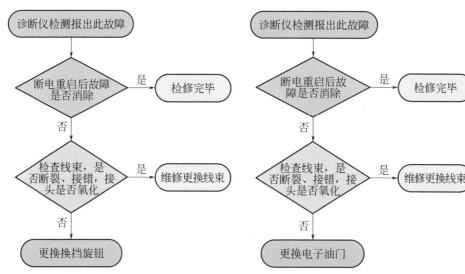

图 4-71　挡位故障清除流程框图　　图 4-72　加速踏板位置信号同步
　　　　　　　　　　　　　　　　　　　　　　故障清除流程框图

2. 加速踏板位置信号同步故障

进行上电复位，如果不能清除故障灯，则检查线束是否与地短接；如果不是，则更换电子油门踏板（图 4-72）。

3. 低压电池电压故障

低压电池电压故障可能是小电池馈电导致。进行充电处理，若不能解决问题则检查 DC/DC；若正常，则更换小电池本体（图 4-73）。

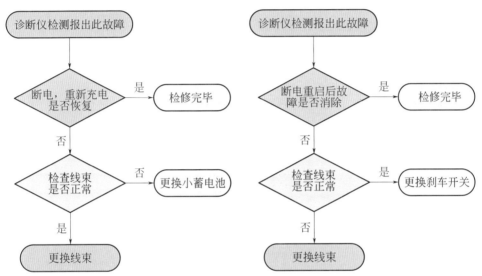

图 4-73　低压电池电压故障清除流程框图　　图 4-74　刹车开关故障清除流程框图

4. 刹车开关故障

进行上电复位，如果不能清除故障灯，则检查线束是否正常；如果正常，则更换刹车开关（图 4-74）。

5. 车速信号错误

进行上电复位，如果不能清除故障灯，则检查线束是否正常；如果正常，则更换 MCU 控制器（图 4-75）。

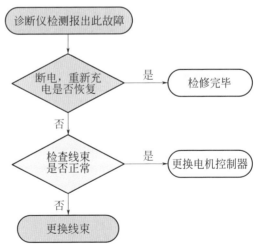

图 4-75　车速信号错误故障清除流程框图

6.VCU 模块与 MCU 模块失去通信

首先使用整车钥匙上电复位 3 次，如果不能清除该故障，可先排查电机控制器低压信号插件接触是否可靠，再检测该线束中的电源信号和 CAN 终端电阻有无问题，如果排查后还不能清除故障，则更换电机控制器总成，具体流程可参考图 4-76。

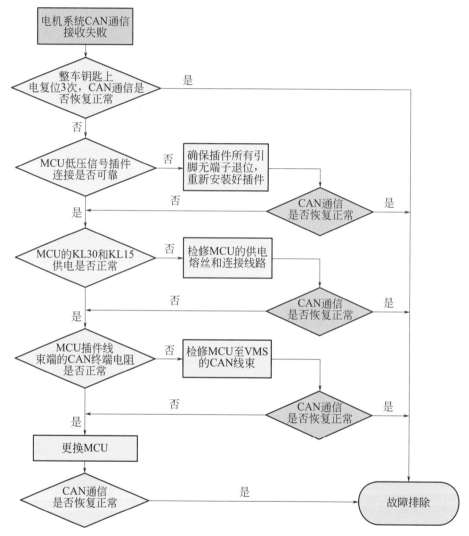

图 4-76 VCU 模块与 MCU 模块失去通信故障清除流程框图

7. 压缩机故障

❶ 用万用表高压直流挡检查压缩机高压电源端的电压是否正常，确认是否因过压或欠压导致的压缩机控制器保护。如果是，当电源恢复正常时，即可再次启动空调。

182

❷ 检查压缩机控制器低压供电电源及开启空调后的空调请求信号（低电平有效）是否正常。如果不正常，则检查线束各连接插件或空调控制面板输出信号或蒸发温度传感器是否有故障，若有，进行相应维修即可。

❸ 检测空调系统的压力是否正常，以判断是否因系统过载导致的压缩机控制器过流保护或压缩机堵转。如果不正常，可能是空调系统有堵塞或前舱散热不良导致，需进一步检查确认，并维修相应部件。如果非上述原因，则可能是电动压缩机本身的机械或电气故障，这种情况需要更换压缩机。

8. VCU 模块与 BMS 模块失去通信

VCU 模块与 BMS 模块失去通信故障清除流程框图见图 4-77。

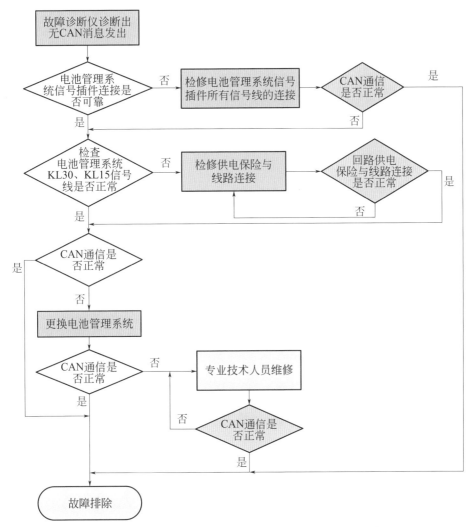

图 4-77　VCU 模块与 BMS 模块失去通信故障清除流程框图

三、电池管理系统故障

电池管理系统简明故障概览见表 4-30。

表 4-30　电池管理系统简明故障概览

故障描述	故障部位 / 故障原因
CSU 采样异常	电池包内部（重新上下电，不恢复，更换 CSU）
高压互锁断路故障	电池包内部（检查电池包内部高压线路哪里短接到电源）
高压互锁短路到电源故障	电池包内部（检查电池包内部高压线路哪里短接到地）
高压互锁短路到地故障	检查外部快充、主回路、高压回路、连接器插件和内外部高压线路
高压回路断路	
CSC 的 CAN 报文丢失	电池包内部（电池包内部通信异常，检测 CAN 通信）
CSC 采样线掉线或松动	电池包内部（检测 CSC 采样线松动或掉线）
SOC 不合理	电池包内部（根据详细故障码结果处理，包括 CSC 唤醒电流短路、CSC PCB 板载温度过高、均衡回路故障）
电池温度高于可操作温度的上限值	电池包内部（重新上下电）
电池温度低于可操作温度的下限值	
电池温度高于质保温度的上限值	
电池温度高于安全温度的上限值	
电池温度低于质保温度的下限值	
电池温度不合理（安全级别）	电池包内部（电池温度异常）
CSC 采样线松动	电池包内部（检测 CSC 采样线松动或掉线）
电池老化：电池健康状态过低（告警级别）	电池包内部（电芯有老化，建议更换电池包）
电池老化：电池健康状态过低（故障级别）	
电芯电压严重不均衡（最严重）	电池包内部（电芯已严重不均衡，建议更换电池包）
电芯极限过压	
电压传感器故障	

续表

故障描述	故障部位 / 故障原因
温度传感器故障（严重）	电池包内部（更换 CSC 采样线或模组线或 CSC）
电机与 BMS 功率不匹配故障（无法充）	检查充电机和 BMS，更换合适的充电机或 BMS

四、充电系统故障

1. 充电系统简明故障概览（表 4-31）

扫一扫

视频讲解

表 4-31　充电系统简明故障概览

故障	可能的原因
充电感应信号（CC 信号）故障	（1）充电枪、充电口端子 （2）CC 信号线路 （3）辅助控制模块线路 （4）辅助控制模块
CP 信号故障	（1）充电枪、充电口端子 （2）CP 信号线路 （3）辅助控制模块线路 （4）辅助控制模块
高压漏电故障	（1）分线盒正负极端子对地绝缘电阻过低 （2）其余各高压零部件正负极端子对地绝缘电阻过低 （3）动力电池漏电
高压互锁故障	（1）BMS 正负极接插件故障 （2）VCU 正负极接插件故障 （3）OBC 正负极接插件故障 （4）互锁开关
预充故障	（1）铅酸蓄电池电压不足 （2）预充回路故障 （3）电机控制器故障
接触器烧结故障	动力电池故障
DC/DC 故障	动力电池故障
通信超时故障	（1）CAN 通信线路故障 （2）终端电阻故障 （3）车载充电机故障

续表

故障	可能的原因
自检故障	（1）线路故障 （2）车载充电机故障

2. 充 / 放电故障（表 4-32）

表 4-32 充 / 放电故障

故障现象	可能原因	解决措施
不能启动充电	电池温度过高、过低，温差过大	通过组合仪表提示文字判断电池是否温度过高、过低，温差过大。若组合仪表出现相应提示文字，充电不可启动，待电池温度正常后方可启动充电。
	动力电池电量充足或电池当前电量高于充电限值电量	动力电池电量充足时充电不可启动。电池当前电量高于充电限值电量时充电不可启动
	12V 蓄电池电量不足	12V 蓄电池电量不足时，车辆控制系统不能启动。
	车辆故障	车辆发生故障时，充电不可启动，确认组合仪表上的故障报警灯是否点亮，如果有故障则报警灯点亮
不能启动交流充电	车辆插头未可靠连接	确保充电插头与车辆插座可靠连接。确保组合仪表上的充电连接指示灯点亮
	交流充电设备未供电	确保交流充电设备供电状态。确保按照交流充电设备说明书启动充电
	电源插座未供电	确保电源插座供电状态。确认控制盒电源指示灯状态
	充电插头与电源插座未可靠连接	确认充电插头与电源插座可靠连接
	充电模式为定时模式	确保充电模式为立即充电
不能启动直流充电	车辆插头未可靠连接	确保充电插头与车辆插座可靠连接。确保组合仪表上的充电连接指示灯点亮
	直流充电设备与车辆充电参数不匹配	若组合仪表提示直流充电设备与车辆不匹配，更换其他直流充电桩进行充电
	直流充电设备未供电	确认直流充电设备供电状态

续表

故障现象	可能原因	解决措施
交流充电过程中充电停止	交流供电设备停止电力输出	供电设备供电中断，充电将停止。当供电设备恢复供电时，需重新启动充电
	电源插座停止电力输出	电源插座供电中断，充电将停止，供电插座重新供电时，车辆可自动恢复交流充电
	充电连接线断开	确认充电连接线可靠连接
	达到充电终止时间	定时充电模式时，若达到充电终止时间，充电将停止
	车辆故障	车辆发生故障时，充电将中断，确认组合仪表上的故障报警灯是否点亮，如果有故障则报警灯点亮
直流充电过程中充电停止	直流充电设备与车辆通信故障	若组合仪表提示直流充电设备与车辆通信故障，重新插拔充电插头再次启动充电，若多次出现该通信故障，更换其他充电桩进行充电
	交流充电连接装置与直流充电连接装置同时连接	交流充电连接装置与直流充电连接装置同时连接时，充电可能会停止
	车辆故障	车辆发生故障时，充电将中断，确认组合仪表上的故障报警灯是否点亮，如果有故障则报警灯点亮

扫一扫

视频讲解

五、高压互锁系统故障

1. 高压互锁作用

高压互锁作用是判断高压系统回路的完整性，只有所有高压部件的接插件均插接到位后才允许高压系统上电；一旦有高压接插件断开，高压系统需要有相应的处理方式来保证整车安全。

2. 高压互锁节点

（1）高压互锁检测的节点　高压互锁检测包括的节点有整车控制器、电池管理器、车载充电机。

（2）高压互锁相关节点　高压互锁相关节点有整车控制器、电池管理器、车载充电机、后电机控制器、前电机控制器、压缩机、PTC、高压能量分配单元（PDU）、高压线束等。

3. 高压互锁原理

检测时电池包维修开关串联在电池高压互锁检测回路中。高压互锁回路设置为三个回路：驱动回路、电池回路、充电回路。例如某款纯电动汽车，两驱版本的高压互锁连接见图 4-78；四驱版本的高压互锁连接见图 4-79。

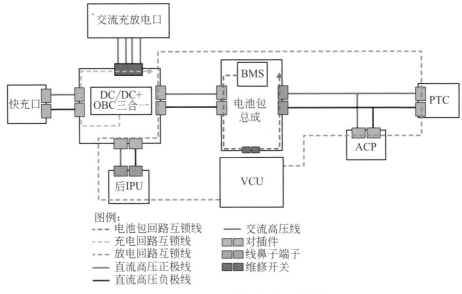

图 4-78　两驱版本的高压互锁连接

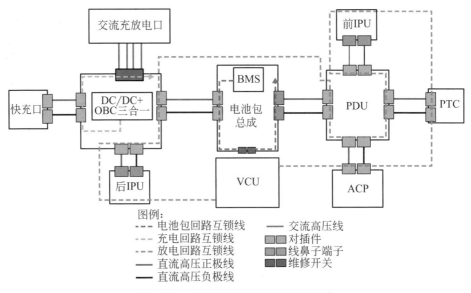

图 4-79　四驱版本的高压互锁连接

4. 高压互锁故障处理

（1）驱动回路 形式为 100Hz，有效占空比（50±5）% 的 PWM 信号，整车控制器发出，整车控制器接收 10 个周期确认故障并处理。

❶ 静止或者车速较低（3km/h）的情况下，驱动回路高压互锁异常，若用户有开前舱盖动作或打开后备厢动作或者挂 P 挡开车门的情况，整车控制器发送高压下电请求，电池管理器响应高压下电指令，待继电器断开后，发起主动泄放请求，电机控制器根据自身情况开启主动泄放，同时整车控制器需要点亮仪表上面的电动系统故障灯。

❷ 车速较高的情况下，驱动回路高压互锁异常，电池管理器允许放电功率以 3kW/s 的速度降低到 10kW，仅点亮仪表电动系统故障灯。

（2）电池回路 检测形式由电池管理器自定义，电池管理器需将高压互锁状态通过 CAN 报文反馈给整车控制器，整车控制器根据整车工况进行处理。

❶ 静止或者车速较低（3km/h）的情况下，电池回路高压互锁异常，若用户有开前舱盖动作或打开后备厢动作或者挂 P 挡开车门的情况，整车控制器发送高压下电请求，电池管理器响应高压下电指令，待继电器断开后，发起主动泄放请求，电机控制器根据自身情况开启主动泄放，同时整车控制器需要点亮仪表上面的电动系统故障灯。

❷ 车速较高的情况下，电池回路高压互锁异常，电池管理器允许放电功率以 3kW/s 的速度降低到 10kW，仅点亮仪表电动系统故障灯。

（3）充电回路 检测形式由车载充电机自定义，车载充电机需将高压互锁状态通过 CAN 报文反馈给整车控制器，整车控制器根据整车工况进行处理。

❶ 非充电或非对外放电工况下，充电回路高压互锁异常，整车控制器不处理，仅点亮仪表电动系统故障灯。

❷ 在交直流充电或者对外放电的工况下，充电回路高压互锁异常，立即停止充电或放电，点亮仪表电动系统故障灯。

5. 高压互锁检查

（1）检查 BMS 高压互锁故障
❶ 操作启动开关使电源模式至 OFF 状态。
❷ 检查动力电池维修开关是否松动。
❸ 断开维修开关。
❹ 检查动力电池快充接插件是否松动。
❺ 检查动力电池正负极接插件是否松动。
如果动力电池正负极接插件已经松动，则修理或更换线束。
如果动力电池正负极接插件没有松动，则执行下一步。

（2）检查 VCU 高压互锁故障

❶ 操作启动开关使电源模式至 OFF 状态。

❷ 断开维修开关。

❸ 检查电机控制器正负极接插件是否松动。

❹ 检查分线盒正负极接插件是否松动。

如果动力电池正负极接插件已经松动，则需要维修或更换线束。

如果动力电池正负极接插件没有松动，则执行下一步。

（3）检查车载充电机高压互锁故障

❶ 操作启动开关使电源模式至 OFF 状态。

❷ 断开维修开关。

❸ 检查车载充电机正负极接插件是否松动或互锁线路断路。

如果车载充电机正负极接插件已经松动或互锁线路断路，则修理或更换线束。

如果车载充电机正负极接插件没有松动或互锁线路断路，则执行下一步。

（4）更换互锁开关

❶ 操作启动开关使电源模式至 OFF 状态。

❷ 断开蓄电池负极电缆。

❸ 更换互锁开关。

❹ 确认故障排除。

六、电动空调诊断

1. 空调系统常规检查

❶ 检查空调管路各接头处是否存在油污或沾有灰尘。如果出现此情况，则可能存在泄漏。

❷ 检查冷凝器表面是否脏污，散热片是否变形。

❸ 检查压缩机总成正常工作时是否有刺耳噪声。

❹ 用手感觉比较压缩机总成的进气管路和排气管路之间应该有明显的温差，正常情况下，低压管路较凉，高压管路较热。用手感觉比较冷凝器进入管和排出管的温度，正常情况下，进入管比排出管温度高。用手感觉比较膨胀阀进出管路的温差，正常情况下，膨胀阀进入管较热，排出管较凉，两者之间有明显的温差。

2. 用压力表检查制冷剂压力

连接歧管压力表组件。满足下列检测条件后，读取压力表压力。

❶ 内外循环开关置于车外循环位置。

❷ 温度控制旋钮调至最冷。

❸ 鼓风机速度控制开关置于最高挡。

❹ 打开空调开关。

❺ 观察压力表上的压力值（标准压力参考各厂家维修手册数据）。

3. 电动压缩机异响检查

检查空调系统相关异响时，一般异响故障会有听起来像是轴承出现故障的声音，可能是由松动的螺栓、安装支架或松动的压缩机总成引起的。但要是关闭压缩机时异响不再继续，那么可判定是压缩机本身故障。

4. 电动压缩机拆装

（1）拆卸电动压缩机　见图 4-80。

❶ 回收系统制冷剂。

❷ 拆除高、低压线束插件。

❸ 拆卸压缩机的蒸发器、压缩机管路和压缩机、冷凝器管路压板螺栓。

❹ 拆卸将压缩机固定于悬置支架的固定螺栓。

❺ 卸下压缩机。

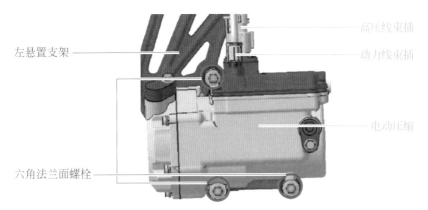

左悬置支架

高压线束插

动力线束插

电动压缩

六角法兰面螺栓

图 4-80　拆卸电动压缩机

（2）安装电动压缩机

❶ 用螺栓将压缩机与左悬置支架固定，暂不要拧紧。

❷ 利用工具预紧，预紧后依次拧紧紧固螺栓。

❸ 依次连接动力线束和高压线束插件。

5. 电动空调故障

空调控制常见故障见表 4-33。

表 4-33　空调控制常见故障

故障	现象	可能的原因	检测及排除措施
驱动控制器不工作，压缩机不工作	压缩机无启动声音，电源电流无变化	（1）12V（DC）控制电源未通入驱动控制器 （2）高压电没有到达压缩机，可能是高压继电器盒的熔丝烧断 （3）高低压接插件端子接触不良或松脱 （4）线束端2号脚的低电平启动电平未给出	（1）检查驱动控制器控制电源插头端子是否松脱 （2）检查控制电源到驱动控制器之间的导线是否有断路 （3）测量控制电源电压是否达到要求［对12V（DC）控制电源驱动控制器，控制电源至少大于9V（DC），不得高15V（DC）］ （4）当以上测试正常时，可以用非正常方法启动压缩机，即可以将压缩机控制器2号脚和4号脚从线束端短接，查看压缩机是否启动，如果启动，但是只保持短暂，然后就停机了，则说明整车网络存在故障，非压缩机本身问题。如果启动且一直保持运转，则说明整车2号脚未发送低有效信号，可能整车压力开关有问题，或系统制冷剂过少，或者VCU未发送信号；如果压缩机未工作，则更换压缩机
驱动控制器工作正常，压缩机不正常工作	压缩机发出异常声音	（1）电机缺相 （2）冷凝器风机未正常工作，系统压差过大，电机负载过大	（1）检查驱动控制器与电机连接的三相插头及相关导线，保证其接触良好及导通 （2）保证冷凝器风机正常工作，待系统压力平衡后再次启动
驱动控制器工作正常，压缩机不工作	压缩机无启动声音，电源电流无变化，各端口电压正常	驱动控制器未接收到空调系统的A/C开关信号	（1）检查A/C开关是否有故障 （2）检查与A/C开关相连的导线是否断路 （3）A/C开关连接方式是否正确接地（低电平：0～0.8V），开启压缩机，接高电平或悬空关闭压缩机
	压缩机无启动声音，电源电流无变化，高压端口电压不足或无供电	欠压保护启动	关闭整车主电源 （1）检查驱动控制器主电源输入接口处的接插件端子是否松脱 （2）主电源到驱动控制器之间的导线是否断路 （3）控制主电源输入的继电器是否正常动作
驱动控制器自检正常，压缩机不工作	压缩机启动时有轻微抖动，电源电流有变化随后降为0	（1）冷凝器风机未正常工作，系统压差过大，电机负载过大导致的过流保护启动 （2）电机缺相导致的过流保护启动	（1）保证冷凝器风机正常工作，待系统压力平衡后再次启动 （2）检查驱动控制器与电机连接的三相插头及相关导线，保证其接触良好及导通

第五章

不断"充电"
——巩固电动汽车维修技能

一、纯电动汽车操控

1. 换挡

车辆装备倒挡（R）、空挡（N）、前进挡（D）、驻车挡（P）（图 5-1 和图 5-2）。当车辆在静止状态且车辆上电时，必须踩下制动踏板才能向上或向下移动换挡杆切换挡位。

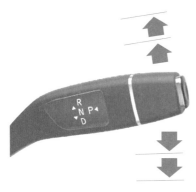

图 5-1　换挡手柄（怀挡）

图 5-2　换挡手柄

换挡需要满足一定的条件。如不能满足，换挡时仪表板会显示"充电中，无法切换挡位""请先 READY（启动成功），再切换挡位""请先踩刹车，再切换挡位""请先减速，再切换挡位"等信息，根据提示操作满足换挡条件。

当切换挡位时，仪表板会根据相应的挡位高亮显示对应的挡位指示灯（图 5-3）。当发生挡位故障或驻车机构未执行到位时换挡，挡位指示灯闪烁显示。

图 5-3　指示灯

2. 挡位

（1）倒挡（R）　车辆静止时，踩下制动踏板，同时向上推换挡杆，仪表板 R 挡位指示灯高亮，此时车辆进入 R 挡。

（2）空挡（N）　以下操作，车辆可进入 N 挡，仪表板 N 挡位指示灯高亮。

❶ 换挡杆在 D 挡位时，将换挡杆向下推或向上推 1 挡并保持 1s。

❷ 换挡杆在 R 挡位时，将换挡杆向下推或向上推 1 挡并保持 1s。

❸ 车辆在驻车状态时，踩下制动踏板，同时向上或向下推换挡杆 1 挡并保持 1s。

（3）前进挡（D）　车辆静止时，踩下制动踏板，同时向下推换挡杆，仪表板 D 挡位指示灯高亮，此时车辆进入 D 挡。

（4）驻车挡（P）

❶ 车辆静止时，踩下制动踏板，同时按卜换挡杆的 P 挡按钮，仪表板 P 挡位指示灯高亮，此时车辆进入 P 挡。

❷ 车辆下电时，挡位自动切换到 P 挡。

❸ 当未系安全带，松开制动踏板和加速踏板，车速＜ 3km/h 时，将主驾车门从关闭状态打开。

当连接充电枪充电时，车辆会自动切换到 P 挡。

二、混合动力汽车架构

1. 电动机布局架构

电动机的不同安装位置布局，决定了拆卸和维修操作的复杂程度。在混合动力汽车中，按电动机位置的不同可分为 P0 ～ P4 和 Ps 架构，其中 P 代表电机位置，不同位置的电机发挥的功能角色不同。

如图 5-4 所示，体现了混合动力汽车电动机的位置布局。

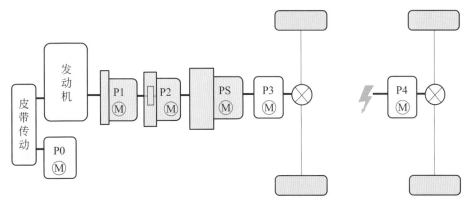

图 5-4　混合动力汽车电动机的位置布局

P0：位于发动机前端，通过皮带与曲轴连接。

P1：位于发动机曲轴上。

P2：位于发动机与变速箱中间。

P3：位于变速箱后端，与发动机分享同一根轴，同源输出。

P4：位于无动力车轴，直接驱动车轮。

PS：PS 也称 P2.5，位于双离合变速箱内部，与发动机各分享一个离合器。

（1）P0 架构　48V 轻混合动力中 iBSG 电机主要由一个采用皮带与发动机连接，既能充当起动机又能充当发电机，必要时又能对发动机助力的电机，以及能够储存和释放 48V 电压的 48V 蓄电池等组成。但是由于当前汽车上很多模块依然是 12V 电压（例如所有的 ECU 和大灯等），因此必须要用 DC/DC 转换器将电压从 48V 转换到 12V。电机位置如图 5-5 所示。

iBSG启发电一体机

图 5-5　电机位置

维修提示

　　皮带驱动电机，其作用就是充当起动机，也充当助力发动机，同时还能反向转动发电（图5-6）。

图 5-6　皮带驱动电机

　　（2）P1架构　P1架构的电机位于发动机曲轴后端，多采用盘式电机，集中绕组（图5-7）。它取代了传统的飞轮，除继承飞轮储存发动机做功冲程外的能量和惯性的功能外，P1电机与P0电机功能相似，同样支持发动机启停、制动能量回收发电、辅助动力输出，但无法实现纯电驱动。

电动机

发动机

图 5-7　P1架构的电机

　　（3）P2架构　P2架构也是并联结构中的单电机的一种，只不过电机位于发动机与变速箱之间，不必像P1电机一样整合在发动机外壳中。该架构可在发动机与变速箱之间配备 1 ～ 2 个离合器。

　　P2 架构与 P0、P1 架构不同的是，P2 电机除了需要承担车辆启停的任务外，还需要承担行车过程中启动发动机的任务。如从纯电驱动切换至发动机驱动、滑行停机后又有了较大的驱动需求等工况下，就需要 P2 电机启动发动机。如图 5-8 所示为 P2 架构的三种布局。

　　❶ 电机布置在离合器前的单离合结构，电机起到助力、驻车发电和启动发动机的作用，与 P1 架构相似［图 5-8（a）］。

　　❷ 电机布置在离合器后的单离合结构，电机可实现单独驱动车辆、制动能量回收发电以及助力［图 5-8（b）］。

　　❸ 电机布置在双离合器中间，电机既可单独驱动车辆，还可启动发动机或进行驻车发电［图 5-8（c）］。

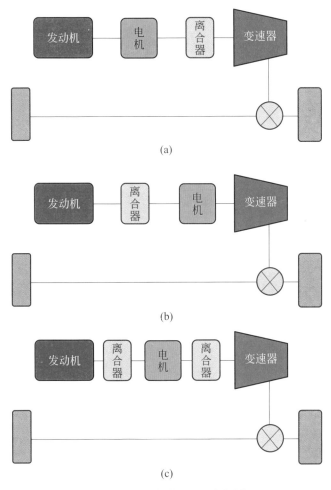

图 5-8　P2 架构的三种布局

搭载 1.4T 发动机的奥迪 A3 e-tron，是 P2 架构的代表车型（图 5-9），同时搭载了一台最大功率 75kW 的永磁同步电机（图 5-10）。

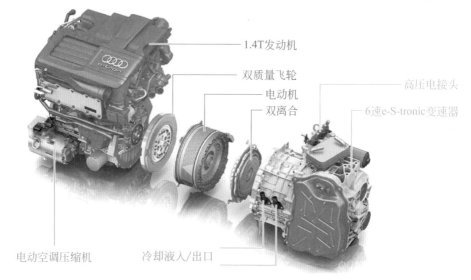

图 5-9　P2 架构车型

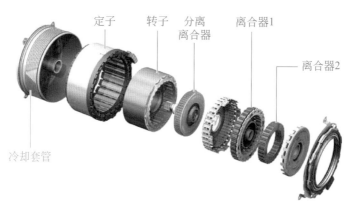

图 5-10　永磁同步电动机

（4）PS 架构　PS 也叫 P2.5 架构，意思是介于 P2 和 P3 之间的一种混动形式，这种架构从系统功能、性能和总成需求上看与 P2 架构并无太大差异，两者最大的区别在于 P2.5 架构中电机与发动机为平行轴结构，电机集成在变速箱的某一轴上。主要在搭载配合的双离合器变速器，把电机布置在奇数挡或偶数挡中。多采用永磁同步电机，功率偏中大，可实现纯电驱动功能，可实现插电充电。

如图 5-11 所示，以领克混动为例，P2.5 架构是将电机设计在双离合器变速器上，将电机的输出端直接接入变速箱偶数轴。电机动力也是经由变速箱传递到车轮。发动机的动力则更多经由奇数轴传递。

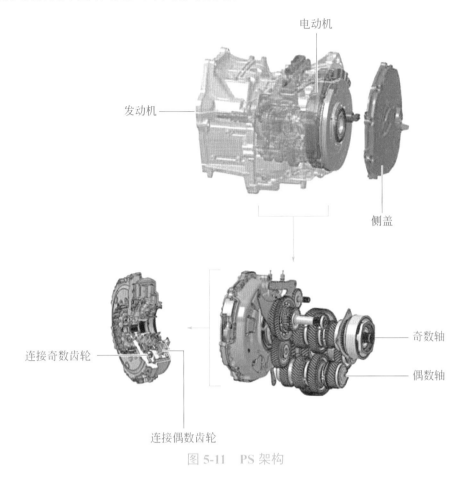

图 5-11 PS 架构

（5）P3 架构 P3 电机可实现制动能量回收、纯电驱动车辆。P3 电机转速较低，电机不能实现启动发动机的功能，因此 P3 架构一般都采用双电机，即 P0+P3 方案，或 P1+P3 方案。

P3 架构由发动机、发电机/起动机、电动机通过动力耦合装置共同组成动力单元，可以工作在纯电驱动模式、混合动力驱动模式与发动机驱动模式下（图 5-12）。双电机系统带来的另外一个优势是，增加了串联行驶功能。

如图 5-13 所示为 P3 布局。本田雅阁 iMMD 的动力驱动系统就有两个电机，一个是驱动电机，另一个是发电机。驱动电机和发电机以及离合器集成形成了电动耦合 e-CVT，取代了传统的变速器。发电机始终与发动机相连，主要用于发电；驱动电机与驱动车轮相连，主要用于驱动车辆行驶。在制动的时候，电机可以回收能量对电池进行充电。

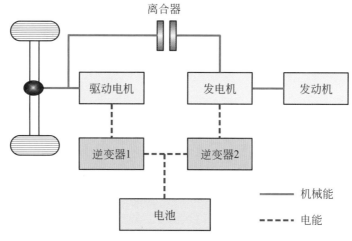

图 5-12　P3 架构示意

图 5-13　P3 布局

（6）P4 架构　P4 架构是把电动机装配在差速器系统中或者直接驱动车轮，也可以进行单独驱动和无差速器的双电机驱动。P4 架构最大的特点是，电机与发动机不驱动同一轴，这样就可以实现四轮驱动。

常见类型为 P0+P4（双擎四驱）、P0+P3+P4（三擎四驱）、P0+P3（前驱）、P2+P4 等。比亚迪唐是 P2+P4、P0+P3+P4 等组合，P4 这种混合动力模式主要用于跑车和越野 SUV 上。例如讴歌 NSX、宝马 i8 等跑车，它们的前轮就是由电动机直接驱动的。比亚迪唐 DM 工作模式如下。

❶ 纯电动工作模式（图 5-14）。纯电动工作模式（EV）下，动力电池提供电能，以供电机驱动车辆，可以满足各种工况行驶，例如起步、倒车、怠速、急加速、匀速行驶等。

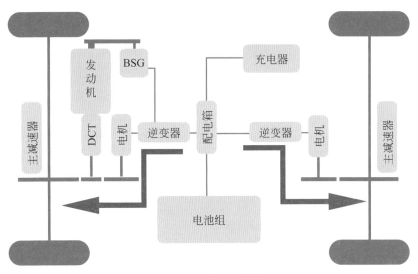

图 5-14　纯电动工作模式

❷双模工作模式。

a. 当从纯电动模式切换到双模工作模式（HEV）后，车辆由发动机和电机共同驱动，实现了最佳的动力性，但仍能保证双模系统具有良好的经济性（图 5-15）。

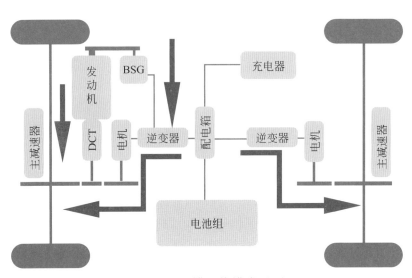

图 5-15　双模工作模式（一）

b. 当电量不足时，系统从纯电动模式自行切换到双模工作模式，使用发动机驱动，在车辆以较稳定的速度行驶时，发动机输出的一部分扭矩会驱动电机进行发电，对动力电池进行充电（图5-16）。

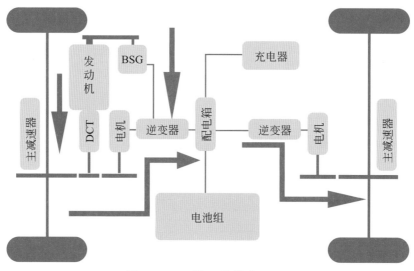

图 5-16　双模工作模式（二）

❸ 仅发动机工作模式（图5-17）。当部分高压系统发生故障时，可单独使用发动机驱动，实现了高压系统的独立性。

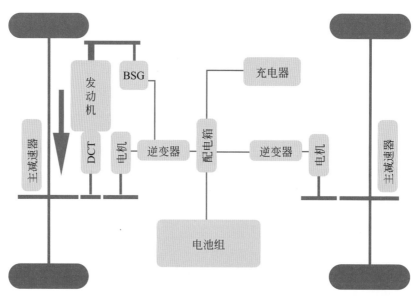

图 5-17　仅发动机工作模式

2. 双模选择操作

（1）EV 驱动模式 在 EV 驱动模式下，电动机驱动车辆，电动机由动力电池提供动力。

❶ 进入 EV 驱动模式的条件。

a. 非地形模式。

b. 纯电动力系统温度适中。

c. 整车行驶路面坡度平缓。

d. 动力电池电量充足。

e. 车速不高于 EV 模式最高需求车速。

f. 中小油门行驶。

g. 动力系统无受限或故障提示。

❷ 进入 EV 驱动模式。

a. 按下 EV 模式按键，EV 按键上的指示灯点亮，表示车辆工作在 EV 模式；指示灯点亮几秒后熄灭，表示动力系统无法进入 EV 工作模式（图 5-18）。

图 5-18 双模选择操作按钮

1—EV 模式按键；2—模式开关旋钮；3—HEV 模式按键

b. 进入 EV 模式后，旋转旋钮可进入 EV-ECO、EV-SPORT 运行模式（图 5-19）。

c. 当整车 SOC 较高时，整车会在上电时自动切换到 EV 模式，建议优先使用 EV 模式。

d. 当整车 SOC 适中时，整车会在上电时记忆上次的驾驶模式。

（2）强制 EV 驱动模式 强制 EV 驱动是为了满足用户短途低速纯电动行驶的一个模式，由于该模式运行在动力电池电量不足情况下，建议在使用该模式行驶后及时补充电量。否则会把电池电量降至极低，继续行驶会增加油耗并降低驾驶感受。

❶ 进入强制 EV 驱动模式的条件。

a. 非地形模式。

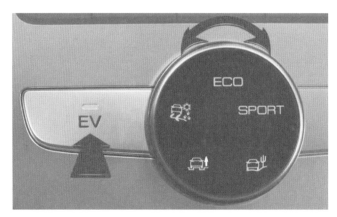

图 5-19　EV 操作

b. 纯电动力系统温度适中。

c. 动力系统无受限或故障提示。

d. 整车行驶路面坡度不陡。

e. 整车电量不能过低。

f. 车速不能过快。

g. 中小油门行驶。

❷ 进入强制 EV 驱动模式：长按 EV 模式按键 3s 以上，仪表显示 EV 指示灯持续闪烁，表明进入了强制 EV 驱动模式。

❸ 强制 EV 驱动模式无法进入或者自动切换 HEV 模式。

a. 动力电池电量过低。

b. 行驶路面坡度很陡。

c. 长时间处于高温环境，双模系统温度过高时。

d. 长时间处于低温环境，双模系统温度过低时。

e. 油门较深。

f. 外界温度较低，有采暖或者除霜需求。

（3）HEV-ECO 驱动模式　在 HEV-ECO 驱动模式下，整车行驶过程中低速时由电机单独驱动，车速达到一定值后发动机启动介入驱动，发动机启动后车辆在一定车速范围内小负荷行驶时发动机自行关闭，提高车辆行驶过程中的经济性。

❶ 进入 HEV-ECO 驱动模式的条件。

a. 动力系统无受限或故障提示。

b. 整车行驶路面坡度不陡。

c. 整车电量充足。

❷ 进入 HEV-ECO 驱动模式。

如图 5-20 所示,按下 HEV 模式按键,旋转旋钮至"ECO"位置,进入 HEV-ECO 驱动模式。

图 5-20 HEV-ECO 操作

❸ HEV-ECO 驱动模式不具备发动机启停的条件。

a. 动力电池电量过低。

b. 行驶路面坡度很陡。

c. 长时间处于高温环境,双模系统温度过高时。

d. 长时间处于低温环境,双模系统温度过低时。

e. 外界温度很低,有采暖或者除霜需求。

维修提示

由于 HEV-ECO 驱动模式具有发动机启停功能,因此在过涉水路面时应避免使用该驱动模式。

(4) HEV-SPORT 驱动模式 在 HEV-SPORT 驱动模式下,电机和发动机同时驱动,动力系统快速响应油门踏板的变化,整车经济性相对其他模式较差,在拥堵路况下不建议采用此模式行驶。

❶ 进入 HEV-SPORT 驱动模式的条件:在仪表无发动机、TCU 故障提示的情况下才可以进入 HEV-SPORT 驱动模式。

❷ 进入 HEV-SPORT 驱动模式:按下 HEV 模式按键,旋转旋钮至"SPORT"位置(图 5-21)。

图 5-21　HEV-SPORT 操作

维修提示

双模系统工作模式注意事项。

① 车辆在汽油和电力的组合下行驶，应特别注意以下各项。

a. 动力电池在低温环境下的性能会下降。为防止动力电池损坏，在温度低时，车辆会限制充电、放电功率及电量等。

b. 车辆最佳使用温度为 25℃，温度过高或过低时，电池会限制输出功率，纯电续驶里程也会缩短。

② 注意高压和高温部件。

a. 车辆装备有连接到动力电池和其他高电压组件的橙色电缆。

b. 电机、冷却液散热器和一些其他部件会在行驶时达到高温。对这些零部件使用警告标签加以标识。仔细阅读并遵守警告标签上的说明。

③ 其他事项。

a. 如果"OK"指示灯点亮，则表示车辆可以行驶〔即使汽油发动机未启动（仅由电机驱动）〕。

b. 驻车时，务必按下 P 挡按键。在 P 或 N 挡位，SOC 低于一定电量时，发动机可能会启动，给动力电池充电。

c. 如果将换挡杆置于 N、R、D 挡位时间过长，会导致系统故障。因此挂挡完成后，务必将换挡杆松开。离开车辆时，务必拉起电子驻车开关，按下 P 挡按键，带走钥匙，并将所有车门锁好。

d. 如果启动型铁电池故障，导致电量完全耗尽，即便用 12V 外接电源也无法进行车辆的跨接启动。

3. 电机检测

在维修过程中，最好的方式是通过使用绝缘表进行绝缘电阻测量，这样可相对快捷地判断电机相短路问题。

三、动力集中及控制

1. 动力控制单元

动力控制单元（PCU）（图 5-22）高度集中，其包含动力驱动单元、电动机 / 发电机控制单元和相电流传感器，由独立的冷却系统进行冷却。

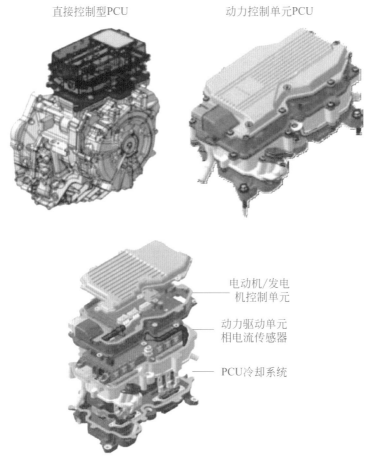

直接控制型PCU　　　　动力控制单元PCU

电动机/发电
机控制单元

动力驱动单元
相电流传感器

PCU冷却系统

图 5-22　动力控制单元

电机控制系统包括牵引电机、发动机的电机、挡位单元和变速器 E-CVT 中的相电流传感器，电源控制单元中的电机控制单元控制高压电机，冷却 PCU 内部的冷却系统，变频器将电机的电压转换为合适的电压。变频器和电机控制单元位于 PCU 中。它包含一个由专用散热器、电子电机控制单元冷却泵和散热片组成的冷却系统，这种冷却系统可调节 PCU 内的温度。

电机控制单元位于 PCU 内部，控制牵引电动机和发电机的电机，并与 PCM 通信，协调发动机和变速器的操作。

电动动力系统使用两条 CAN 通信线路：EPP-CAN 和 F-CAN。

① EPP-CAN：电机控制单元、蓄电池状态监视器单元和 PCM。

② F-CAN：电机控制单元、蓄电池状态监视器单元、PCM、电动空调压缩机、DC/DC 转换器、VSA 调制器（控制器单元）、电子伺服制动控制单元、SRS 单元、仪表控制单元。

2. 电动机

牵引电动机位于变速器内，可产生驱动力并为高压蓄电池提供动力。发电机同样位于变速器内，可为高压蓄电池充电并为发动机启动提供动力。牵引电动机 / 发电机如图 5-23 所示。

图 5-23　牵引电动机 / 发电机

E-CVT 通过齿轮机构、电动机、发电机的组合实现车辆的前进以及倒退。两种动力都通过变速器内的齿轮机构进行传递（图 5-24）。

（1）E-CVT（电动机 / 发电机）部件　见图 5-25。

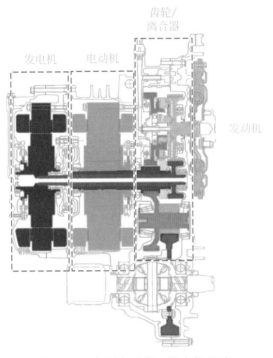

图 5-24　牵引电动机 / 发电机示意

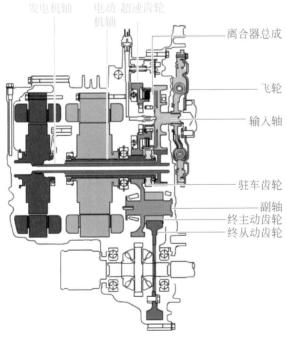

图 5-25　E-CVT（电动机 / 发电机）部件

（2）E-CVT（电动机／发电机）动作

❶ 超越离合器。超越离合器能改变发动机的动力流向，从而实现在驱动车辆或者驱动发电机之间转换。图 5-26 显示的是当超越离合器不作动时，只有发动机驱动发电机工作。

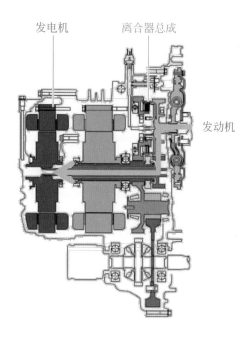

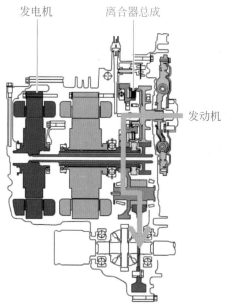

图 5-26　发动机驱动发电机工作

❷ 电动驱动模式（图 5-27）。电动机运行的情况下的动力流向：电机轴→ 副轴→ 终主动齿轮→ 终从动齿轮。

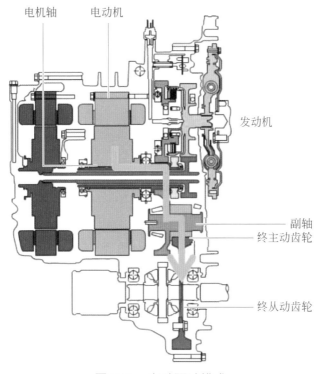

电机轴　　电动机

发动机

副轴
终主动齿轮

终从动齿轮

图 5-27　电动驱动模式

❸ 混合驱动模式。图 5-28 和图 5-29 显示的是当发动机及电动机一起动作时的动力流向。

发动机→飞轮→输入轴→发电机轴→发电机

电动机→电动机轴→副轴→终主动齿轮→终从动齿轮

PUC

高压蓄电池

图 5-28　混合驱动模式动力流框图

❹ 发动机驱动模式（图 5-30）。仅发动机驱动下的动力流向：发动机→飞轮→输入轴→超越离合器→ 离合器齿轮→副轴→终主动齿轮→终从动齿轮。

❺ E-CVT（电动机 / 发电机）- 作动 – 倒车：当高压电池有充足的电量时，可以通过电动机驱动车辆倒车，其动力传递和驱动车辆前进时一样。驱动电动机反向运转，即可实现倒车。

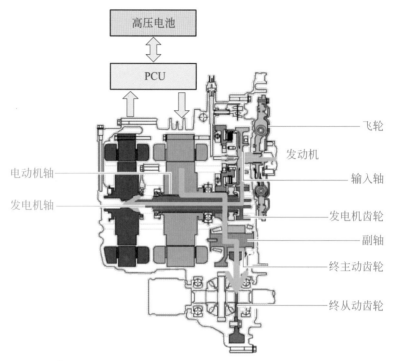

图 5-29　混合驱动模式

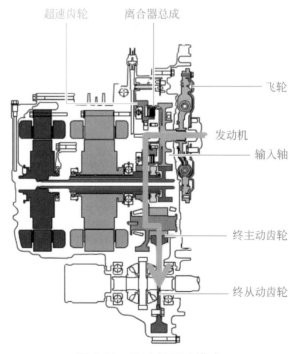

图 5-30　发动机驱动模式

四、高度集成的智能电驱系统

华为智能网联电动汽车在构建以三大域和三个操作系统为核心的包括智能驾驶、智能座舱、智能网联、智能电动和智能车云 5 个领域的解决方案。车载电源及电驱也是实现电动汽车智能网联的重要技术。

1. 智能电驱系统主要部件

华为智能电动汽车技术的车载电源系统包括 DriveONE "多合一"电驱动系统、DriveONE "三合一"电驱动系统、端云电池管理系统、电机控制器、车载充电系统和直流快充模块。最典型的就是搭载赛力斯("三合一"电驱)(图 5-31)。

图 5-31 DriveONE "三合一"电驱动系统

（1）"三合一"电驱系统 华为 DriveONE "三合一"电驱动系统采用一体化设计，集成了电机控制器（MCU）、电机和减速器（图 5-32）。系列化产品适配 A0 ～ C 级车型需求，峰值功率覆盖 150kW、220kW 和 270kW。

图 5-32 DriveONE "三合一"电驱动系统布局

（2）"多合一"电驱系统 "多合一"电驱动系统集成了电机控制器（MCU）、电机、减速器、车载充电机（OBC）、电压转换器（DC/DC）、电源分配单元（PDU）及电池管理系统主控单元（BCU）七大部件。实现了机械部件和功率部件的深度融合，同时还将智能化带入电驱动系统中，实现端云协同与控制归一（图 5-33 和图 5-34）。

图 5-33　DriveONE "多合一" 电驱动系统

图 5-34　DriveONE "多合一" 电驱动系统布局

（3）电机控制器 电机控制器采用了华为自研软件控制算法，实现峰值效率 98.5%。另外内配双面水冷 IGBT 与集成化设计，实现功率密度 40kW/L（图 5-35 和图 5-36）。

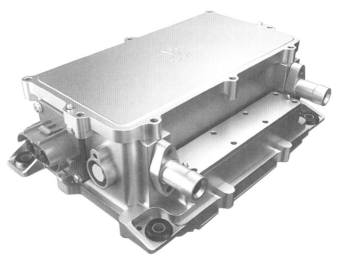

图 5-35 电机控制器

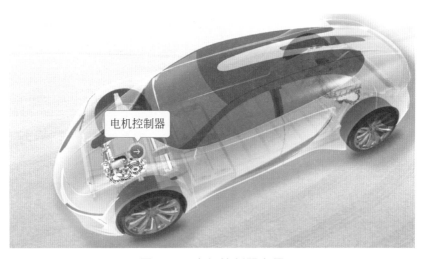

图 5-36 电机控制器布局

（4）车载充电器 车载充电系统集成了车载充电机（OBC）和电压转换器
（DC/DC），电源分配单元（PDU）为可选集成设备，包括 7kW 及 11kW 两种类型
（图 5-37 和图 5-38）。

（5）端云管理 端云电池管理系统由电池控制单元（BCU）、电池采样单元
（BMU）和云 BMS 构成，支持 0 ～ 800V 电池系统。它的特点是结合大数据、AI
（人工智能）技术，提前 1 天识别电池安全风险并预警；建立精准的电池模型，融
合多种算法，提升 SOC 估算精度；端云孪生系统，实现电池全生命周期数据可追
溯（图 5-39 和图 5-40）。

扫一扫

视频讲解

图 5-37　车载充电器

图 5-38　车载充电器布局

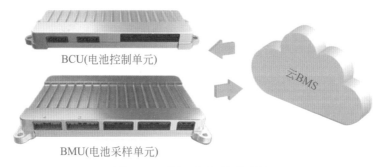

BCU(电池控制单元)

BMU(电池采样单元)

图 5-39　端云电池管理系统

端云电池管理系统

图 5-40　端云电池管理系统布局

2. 转矩控制

转矩控制系统是通过解析驾驶员的意图，将驾驶员的需求转矩解析到车轮端的计算过程。驾驶员意图以操作加速踏板、制动踏板等体现。整车控制器（VCU）以加速踏板传感器、制动主缸压力、制动开关及挡位信号作为控制依据，并将转矩控制指令输出至电机控制器，进而控制电机输出转矩。

（1）基本功能（D 挡或 R 挡）

❶ 在识别到驾驶员踩加速踏板信号后，驱动车辆行驶（车辆前进与后退）。

❷ 在无加速踏板和制动踏板信号的情况下，驱动车辆以低速行驶。

❸ 在加速踏板处于完全松开的状态或是在制动踏板踩下的状态下（在一定车速范围内），通过电机制动回收能量并向动力电池充电。

（2）转矩解析

❶ 挡位约束。

a. P 挡：不允许有任何的驾驶员请求输入，也不响应任何转矩请求，车辆不可移动。

b. D 挡：驱动车辆向前行驶，车辆低速行驶时，只允许有向前的驱动转矩（禁止能量回收）。

c. R 挡：驱动车辆向后行驶，车辆低速行驶时，只允许有向后的驱动转矩（禁止能量回收）。

d. N 挡：不允许存在制动能量回收转矩，不允许存在向前和向后的转矩。

❷ 转矩滤波。为了平顺地进行转矩切换，减小抖动，提升驾驶舒适性，需

对请求转矩做滤波处理，使 VCU 发送到电机控制器的转矩请求尽量平滑。根据当前车速、加速踏板深度以及上一周期的请求转矩，计算当前转矩请求。其中电机输出转矩曲线越平滑，对动力性影响越大，滤波相关系数的大小可实车标定。

③ 转矩评判。驾驶员转矩请求最后的评判，其输出信号会受整个动力系统的转矩能力所限制，动力系统的转矩能力的限制以部件的输出能力、系统故障、部件故障为依据。根据不同的驾驶模式，如普通驾驶模式、自动驾驶模式、定速巡航、自适应巡航模式，对转矩的控制算法进行选择。

④ 转矩解析。

a. 在车辆前进的过程中，基于加速踏板的输入、车速以及动力系统输出能力限制来决定驾驶员前进方向的转矩需求。

b. 在车辆后退的过程中，基于加速踏板的输入、车速以及动力系统输出能力限制来决定驾驶员前进方向的转矩需求。

c. 在 Creep 模式驱动车辆行驶过程中，基于车速的快慢来决定驾驶员的需求转矩。

d. 在 D 挡或 R 挡模式，当驾驶员完全松开加速踏板或是踩下制动踏板时，基于车速、电池剩余电量（SOC）以及动力系统能力限制等因素，决定制动能量回收的转矩请求。

e. 根据驾驶员输入的挡位（D 挡或 R 挡）、踏板输入（加速踏板和制动踏板）需求进行评判，根据动力系统输出能力限制、系统故障等级来限制驾驶员的转矩请求。

f. 根据客户对驾驶性的要求，调节滤波系数，对驾驶员请求转矩进行相应的滤波。

五、先进驾驶辅助系统

现在电动汽车的智能化程度较高，也可以说是智能网联汽车的中低级阶段。智能网联汽车的终极目标就是实现自动驾驶或无人驾驶。智能网联汽车自动驾驶分为 L0 ～ L5 六个等级，目前正处于 L2 ～ L3 等级的落地发展阶段，已具备 L3 级自动驾驶能力，但市场应用规模仍然比较小，一方面受限于尚未完善 L3 级自动驾驶上路的法律法规；另一方面也受限于技术实现。例如，当前车载摄像头主要以 720P、1080P 分辨率为主，空间分辨率已经与人眼接近，而感知距离通常为 200 ～ 250m，与人类肉眼可感距离（大于 500m）仍存在差距。逆光、图像动态范围是当前影响视觉传感器可靠性的主要技术挑战。所以，当前高级辅助驾驶系统仍然是市场主导。

先进驾驶辅助系统（ADAS）是利用安装在车上的多种传感器，在汽车行驶过程中随时感应周围的环境，收集数据，进行静态、动态物体的辨识、侦测与追踪，并与本车相关数据信息进行综合的系统运算与分析，从而预先让驾驶者察觉到可能发生的危险，有效增加汽车驾驶的舒适性、安全性和可靠性。

1. ADAS 术语

通常讲的智能辅助驾驶系统（或者叫高级辅助驾驶系统）的标准术语称为先进驾驶辅助系统，英文 advanced driver assistance systems，简称 ADAS。

在 2021 年 6 月 1 日实施的 GB/T 39263—2020 这样定义先进驾驶辅助系统：利用安装在车辆上的传感、通信、决策及执行等装置，实时监测驾驶员、车辆及其行驶环境，并通过信息和 / 或运动控制等方式辅助驾驶员执行驾驶任务或主动避免 / 减轻碰撞危害的各类系统的总称。

（1）信息辅助类术语

❶ 驾驶员疲劳监测，英文 driver fatigue monitoring，简称 DFM。驾驶员疲劳监测实时监测驾驶员状态并在确认其疲劳时发出提示信息。

❷ 驾驶员注意力监测，英文 driver attention monitoring，简称 DAM。驾驶员注意力监测实时监测驾驶员状态并在确认其注意力分散时发出提示信息。

❸ 交通标志识别，英文 traffic signs recognition，简称 ISR。交通标志识别自动识别车辆行驶路段的交通标志并发出提示信息。

❹ 智能限速提示，英文 intelligent speed limit information，简称 ISLI。智能限速提示自动获取车辆当前条件下所应遵守的限速信息并实时监测车辆行驶速度，在车辆行驶速度不符合或即将超出限速范围的情况下适时发出提示信息。

❺ 弯道速度预警，英文 curve speed warning，简称 CSW。弯道速度预警对车辆状态和前方弯道进行监测，当行驶速度超过弯道的安全通行车速时发出警告信息。

❻ 抬头显示，英文 head-up display，简称 HUD。将信息显示在驾驶员正常驾驶时的视野范围内，使驾驶员不必低头就可以看到相应的信息。

❼ 全景影像监测，英文 around view monitoring，简称 AVM。全景影像监测向驾驶员提供车辆周围 360° 范围内环境的实时影像信息。

❽ 夜视，英文 night vision，简称 NV。在夜间或其他弱光行驶环境中为驾驶员提供视觉辅助或警告信息。

❾ 前向车距监测，英文 forward distance monitoring，简称 FDM。前向车距监测实时监测本车与前方车辆车距，并以空间或时间距离等方式显示车距信息。

❿ 前向碰撞预警，英文 forward collision warning，简称 FCW。前向碰撞预警实时监测车辆前方行驶环境，并在可能发生前向碰撞危险时发出警告信息。

⓫ 后向碰撞预警，英文 rear collision warning，简称 RCW。后向碰撞预警实时监测车辆后方环境，并在可能受到后方碰撞危险时发出警告信息。

⑫ 车道偏离预警，英文 lane departure warning，简称 LDW。车道偏离预警实时监测车辆在本车道的行驶状态，并在出现或即将出现非驾驶意愿的车道偏离时发出警告信息。

⑬ 变道碰撞预警，lane changing warning，简称 LCW。在车辆变道过程中，变道碰撞预警实时监测相邻车道，并在车辆侧方和／或侧后方出现可能与本车发生碰撞危险的其他道路使用者时发出警告信息。

⑭ 盲区监测，英文 blind spot detection，简称 BSD。盲区监测实时监测驾驶员视野盲区，并在其盲区内出现其他道路使用者时发出提示或警告信息。

⑮ 侧面盲区监测，英文 side blind spot detection，简称 SBSD。侧面盲区监测实时监测驾驶员视野的侧方及侧后方盲区，并在其盲区内出现其他道路使用者时发出提示或警告。

⑯ 转向盲区监测，英文 steering blind spot detection，简称 STBSD。在车辆转向过程中，实时监测驾驶员转向盲区，并在其盲区内出现其他道路使用者时发出警告。

⑰ 后方交通穿行提示，英文 rear cross traffic alert，简称 RCTA。在车辆倒车时，实时监测车辆后部横向接近的其他道路使用者，并在可能发生碰撞危险时发出警告信息。

⑱ 前方交通穿行提示，英文 front cross traffic alert，简称 FCTA。在车辆低速前进时，实时监测车辆前部横向接近的其他道路使用者，并在可能发生碰撞危险时发出警告信息。

⑲ 车门开启预警，英文 door open warning，简称 DOW。在停车状态即将开启车门时，监测车辆侧方及侧后方的其他道路使用者，并在可能因车门开启而发生碰撞危险时发出警告信息。

⑳ 倒车辅助，英文 reversing condition assist，简称 RCA。在车辆倒车时，实时监测车辆后方环境，并为驾驶员提供影像或警告信息。

㉑ 低速行车辅助，英文 maneuvering aid for low speed operation，简称 MALSO。在车辆低速行驶时，探测其周围障碍物，并当车辆靠近障碍物时为驾驶员提供影像或警告信息。

（2）控制辅助类术语

❶ 自动紧急制动，英文 advanced/ automatic emergency braking，简称 AEB。自动紧急制动实时监测车辆前方行驶环境，并在可能发生碰撞危险时自动启动车辆制动系统使车辆减速，以避免碰撞或减轻碰撞后果。

❷ 紧急制动辅助，英文 emergeney braking assist，简称 EBA。实时监测车辆前方行驶环境，在可能发生碰撞危险时提前采取措施以减少制动响应时间，并在驾驶员采取制动操作时辅助增加制动压力，以避免碰撞或减轻碰撞后果。

③ 自动紧急转向，英文 automatic emergency steering，简称 AES。自动紧急转向实时监测车辆前方、侧方及侧后方行驶环境，在可能发生碰撞危险时自动控制车辆转向，以避免碰撞或减轻碰撞后果。

④ 紧急转向辅助，英文 emergency steering assist，简称 ESA。实时监测车辆前方、侧方及侧后方行驶环境，在可能发生碰撞危险且驾驶员有明确的转向意图时辅助驾驶员进行转向操作。

⑤ 智能限速控制，英文 intelligent speed limit control，简称 ISLC。智能限速控制自动获取车辆当前条件下所应遵守的限速信息，实时监测并辅助控制车辆行驶速度，以使其保持在限速范围之内。

⑥ 车道保持辅助，英文 lane keeping assist，简称 LKA。车道保持辅助实时监测车辆与车道边线的相对位置，持续或在必要情况下控制车辆横向运动，使车辆保持在原车道内行驶。

⑦ 车道居中控制，英文 lane centering control，简称 LCC。车道居中控制实时监测车辆与车道边线的相对位置，持续自动控制车辆横向运动，使车辆始终在车道中央区域。

⑧ 车道偏离抑制，英文 lane departure prevention，简称 LDP。实时监测车辆与车道边线的相对位置，在车辆将发生车道偏离时控制车辆横向运动，辅助驾驶员将车辆保持在原车道内行驶。

⑨ 智能泊车辅助，英文 intelligent parking assist，简称 IPA。在车辆泊车时，自动检测泊车空间并为驾驶员提供泊车指示和 / 或方向控制等辅助功能。

⑩ 自适应巡航控制，英文 adaptive cruise control，简称 ACC。ACC 实时监测车辆前方行驶环境，在设定的速度范围内自动调整行驶速度，以适应前方车辆和 / 或道路条件等引起的驾驶环境变化。

⑪ 全速自适应巡航控制，英文 full speed range adaptive cruise control，简称 FSRA。全速自适应巡航控制实时监测车辆前方行驶环境，在设定的速度范围内自动调整行驶速度，并具有减速至停止及从停止状态自动起步的功能，以适应前方车辆和 / 或道路条件等引起的驾驶环境变化。

⑫ 交通拥堵辅助，英文 traffic jam assist，简称 TJA。在车辆低速通过交通拥堵路段时，交通拥堵辅助实时监测车辆前方及相邻车道行驶环境，并自动对车辆进行横向和纵向控制，其中部分功能的使用需经过驾驶员的确认。

⑬ 加速踏板防误踩，英文 anti-maloperation for accelerator pedal，简称 AMAP。在车辆起步或低速行驶时，因驾驶员误踩加速踏板产生紧急加速而可能与周边障碍物发生碰撞时，自动抑制车辆加速。

⑭ 自适应远光灯，英文 adaptive driving beam，简称 ADB。自适应远光灯能够

自动调整投射范围以减少对前方或对向其他车辆驾驶员眩目干扰的远光灯。

⑮ 适应前照灯，英文 adaptive front light，简称 AFL。适应前照灯能够自动进行近光 / 远光切换或投射范围控制，从而为适应车辆各种使用环境提供不同类型光束的前照灯。

2. 毫米波雷达

毫米波雷达具有同时探测距离、水平角度及速度三个参数的能力。在智能网联汽车中，前雷达用于自适应巡航控制（ACC）、自动紧急制动（AEB）、前向防撞预警（FCW）；后雷达用于盲点监测（BSD）、车道变道辅助（LCA）、后向碰撞预警（RCW）、车门开启预警（DOW）、后方交通穿行提示（RCTA）。

（1）相关术语和要求

❶ 毫米波雷达模组（millimeter- wave radar module）：通过毫米波雷达模组信号发送和接收，可以完成目标的速度、角度、位置识别的装置。这是中国汽车工业协会的团体标准《车载毫米波雷达模组检测方法》中对毫米波的相关定义。

❷ 毫米波雷达探测范围。上海市地方标准《车载毫米波雷达技术要求及测试方法》中规定毫米波雷达水平探测范围、垂直探测范围、速度范围以及单目标检测精度，均能够实现相关 ADAS（先进驾驶辅助系统）功能要求的水平探测能力范围。

a. 距离精度：单目标检测距离能够实现相关 ADAS 功能要求的目标距离识别精度，目标的准确上报率不低于 90%。

b. 角度精度：单目标检测角度能够实现相关 ADAS 功能要求的目标角度识别精度，目标的准确上报率不低于 90%。

c. 速度精度：单目标检测速度能够实现相关 ADAS 功能要求的目标速度识别精度，目标的准确上报率不低于 90%。

❸ 毫米波雷达使用频段。车载毫米波的使用频段涉及 24GHz、77GHz。

国际电信联盟国际频率登记委员会（IFRB）根据不同波段电磁波的特性尽量合理地将不同频段分配给不同的领域，有害的干扰减至最小，保证在特别拥挤的无线电频段中应用尽可能多的无线电路，规定了相关领域的使用频段。在毫米波频段中，24GHz 是国际通用的 ISM 频段，即工业（industrial）、科学（scientific）和医学（medical）领域使用（60GHz 在部分国家也属于 ISM 频段），而 76G ～ 77GHz 则是专门划归车载应用使用的频段。这也就是人们常见的车载毫米雷达，主要都是 24GHz 或 77GHz 的原因。频段 79GHz 的更远程的毫米波雷达很可能在未来的智能网联汽车中应用。

小贴士：

　　车内生命体监控系统就是利用安装在车内的 79GHz 毫米波雷达传感器，在驾驶员离开或锁定车辆后，持续感应车内的生命体和活动物体；在车内有生命体，如儿童、宠物被遗留的情况下，该系统会通过车联网、5G 端云大数据平台等渠道，发送报警信息给驾驶员和管理平台，同时亦可启动车辆的应急处理系统，如开启通风、开启车窗、声光报警等，从而有效地避免因为被遗留在车内造成的生命安全风险。

　　在我国《76GHz 车辆无线电设备射频指标技术要求及测试方法》（GB/T 36654—2018）中车辆无线电设备规定的适用范围也是工作在 76G ~ 77GHz 频率范围内。

　　目前欧盟已经在逐步取代 24GHz 车载毫米波雷达（短距离毫米波雷达 ≤ 60m），新出厂车型需转为 77GHz 毫米波雷达（10m ＜长距离毫米波雷达 ≤ 250m），而现有 24GHz 毫米波雷达可以在生命周期内正常使用。我国 5G 建设目前采用 4.9GHz 频段，对 24GHz 毫米波雷达没有影响。

　　除了频段分配的原因，同功率水平下 24GHz 收发天线较 77GHz 雷达更大，增加 24GHz 毫米波雷达探测距离会使得整个雷达体积偏大。此外，24GHz 电磁波更长的波长有更好的绕行能力，受气候等因素影响更小。但同时指向性会变得更差，角分辨率会受到影响。24GHz 毫米波雷达在长距离上对目标位置的判断，有可能会出现偏离车道的误差，这样的话探测的意义也就不大了。因此，长距离毫米波雷达普遍选择 77GHz。

小贴士：

　　电磁波频段作为一种稀缺资源，对车载毫米波雷达频段选择影响最大的，仍然是各国法规的限制。IFRB 国际频率登记委员会的分配并非强制，各国会根据国情制定更为细化的法规，保证在拥挤的无线电波中拥有尽量多的频段，同时减少相互之间的干扰。因此在不同国家和地区，对毫米波雷达频段的选择也可能略有差异。

　　（2）毫米波雷达技术特点

　❶ 毫米波雷达测距、测速精度高，远距离仍然可以精确遥感。

　❷ 距离分辨率和带宽相关。毫米波技术的角度分辨率的提高需要添加更多的收发单元以及使用更高的带宽时，现在主要受限于（高宽带硬件成本较高）毫米波芯片、处理器以及频率资源。当使用高带宽时，也可以实现更高分辨率的应用。

（3）毫米波雷达的安装位置　24GHz 的毫米波雷达测量距离较短，主要应用于汽车后方，如开门预警（图 5-41）；77GHz 的毫米波雷达测量距离较长，主要应用于汽车前方和两侧（图 5-42）。毫米波雷达安装在车上的系统见表 5-1。

表 5-1　毫米波雷达安装在车上的系统

频段 /GHz	特点	在车上主要应用的系统
24	（1）探测距离短，探测角度大 （2）穿透能力弱，精度相对低 （3）车速上限 150km/h	盲道检测（BSD）
		车道偏离预警（LDW）
		车道保持辅助（LKA）
		泊车辅助（PA）
		变道辅助（LCA）
		倒车辅助（BSD）
77	（1）探测距离长，探测角度小 （2）穿透能力强，精度高 （3）车速上限 250km/h （4）体积相对更小	自适应巡航（ACC）
		自动紧急制动（AEB）
		前向碰撞预警（FCW）

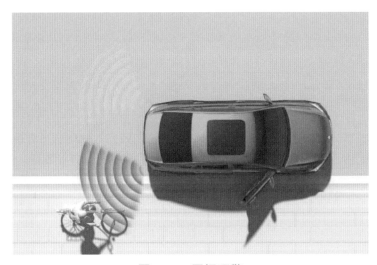

图 5-41　开门预警

由于 77GHz 雷达体积较小，更容易实现单芯片的集成，且具有更高的识别精度、更高的信噪比以及更强的穿透能力，已经成为毫米波雷达行业的主流。

根据美国 FCC 和欧洲 EST 规划，24GHz 的宽频段（21.65G ～ 26.65GHz）在

2022 年过期。因此，随着规模的扩大和成本的进一步下降，77GHz 将成为毫米波雷达未来市场的发展趋势。

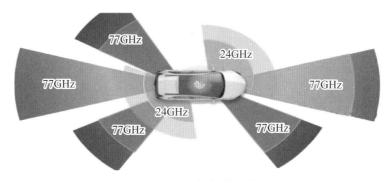

图 5-42　毫米波雷达

3. 毫米波雷达结构原理

（1）结构原理　毫米波雷达和传统的无线电雷达有相同的结构。毫米波雷达的工作原理是通过天线向外发射毫米波，并接收目标反射信号，通过对信号进行对比和处理，最终完成对目标的分类识别。毫米波雷达外部结构见图 5-43。

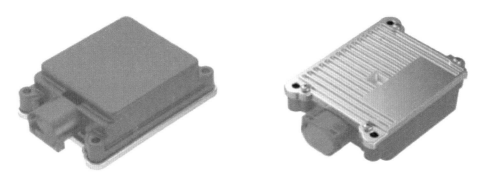

图 5-43　毫米波雷达外部结构

毫米波雷达主要包括雷达射频、接收和信号处理。前端收发组件 MMIC 是毫米波雷达的核心部分，负责毫米波信号的调制、发射、接收以及回波信号的解调。收发组件包含放大器、振荡器、开关、混频器等多个电子元器件。毫米波雷达结构见图 5-44。

电源板（PCB）内部有 ASIC 芯片，芯片里面集成了一个安全控制器。毫米波雷达内部结构如图 5-45 所示，PCB 主要包括一个带双核浮点 MCU 和一个 Radar ASIC 芯片，可进行控制和自我诊断的独立的前置放大器，SiGe MMIC 单元和 PLL 单元，具有四个混频器的 SiGe ASIC（MRX），用于接收信号。

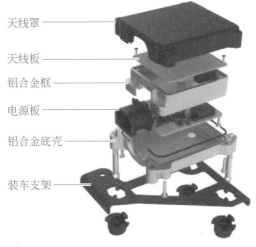

天线罩

天线板

铝合金框

电源板

铝合金底壳

装车支架

图 5-44　毫米波雷达结构

PCB正面　　　　　　　　　　PCB背面

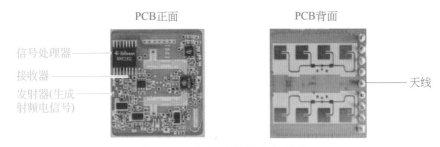

信号处理器

接收器

发射器(生成
射频电信号)

天线

图 5-45　毫米波雷达内部结构

毫米波雷达 PCB 的背面是天线，用于发射和接收毫米波，如图 5-46 所示的微带阵列，在印制电路 PCB 上，铺上微带线，形成微带贴片天线。

图 5-46　毫米波雷达天线（PCB 背面）

毫米波雷达在工作状态时，发射模块通过天线将电信号（电能）转化为电磁波发出；接收模块接收到射频信号后，将射频电信号转换为低频信号；再由信号处理模块从信号中获取距离、速度和角度等信息。毫米波雷达工作示意见图 5-47。

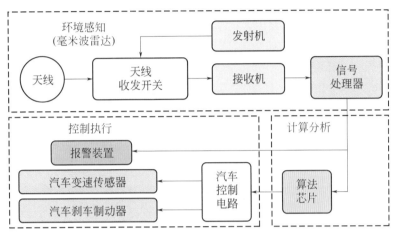

图 5-47　毫米波雷达工作示意

从硬件上看，传统的无线电波雷达和毫米波雷达两者均包含天线、射频前端、中频电路、模数转换电路、数字信号处理以及对外通信数据总线。其中，天线和射频前端的作用是产生、发送和接收毫米波无线电信号。接收到的信号经过下变频，被中频电路调理放大，经模数转换器转换为数字信号供数字信号处理，解算出目标的距离、速度和方位角，这些信息会被进一步处理以满足汽车应用的要求。和传统无线电雷达相比，车载雷达的探测距离相对较短、距离分辨率更高、对速度的探测精度要求更高。

（2）毫米波雷达性能　下述列举几个知名汽车配件生产厂的主要毫米波雷达产品技术参数，在毫米波雷达技术路线上各有不同（表 5-2）。

❶ 博世的毫米波雷达产品主要以 76G ～ 77GHz 为主，产品技术先进，主要包括 MRR（中距离）和 LRR（远距离）两个系列，其中 LLR4 产品最大探测距离可以达到 250m，在同类产品中处于领先位置。

❷ 大陆的毫米波雷达产品全面覆盖 24GHz 和 77GHz 两个频率，且以 77GHz 产品为主，产品类别丰富，包括 ARS441、ARS510、SRR520、SRR320 等多个系列。大陆 ARS441 远程毫米波雷达的最大探测距离可以达到 250m，在同类产品中领先。大陆的毫米波雷达产品的探测视角在对比中也较为突出。

❸ 海拉同样也是毫米波雷达的最大的几家供应商之一，其实早在 2004 年，海拉的第一代 24GHz 毫米波雷达即进行量产。目前海拉的毫米波产品主要以 24GHz

为主，是市场上的重要生产商。

❹ 德尔福公司的毫米波雷达产品也主要以 77GHz 产品为主，从探测距离上来看主要以中近程为主。

表 5-2　毫米波雷达生产厂产品技术参数

生产厂	毫米波雷达（产品 / 型号）	主要频率/GHz	最大探测距离 /m	探测视角	刷新率/ms
博世	LLR 远程	77	250	±6°（200m）、±10°（100m）、±15°（30m）、±20°（5m）	60
	MRR 中程前向	77	160	±6°（160m）、±9°（100m）、±10°（60m）	60
	MRR 中程后向	77	80	±5°（70m）、±75°（近距离）	60
大陆	ARS441 远程	77	250	±9°（250m）、±45°（70m）、±75°（20m）	60
	ARS510 远程	77	200	±4°（200m）、±9°（120m）、±45°（40～70m）	55
	SRR520 近程	77	100	±90°	50
	SRR320 近程	24	95	±75°	40
海拉	24GHz 雷达	24	70	±82.5°	50
德尔福	ESR 2.5	77	175	±10°（175m）、±45°（60m）	50
	MRR 中程	77	160	±45°	50
	SRR 2 近程	77	80	±75°	50

（3）4D 成像毫米波雷达　毫米波雷达是已经相当成熟的感知硬件，各大相关业务公司继续研究开发分辨率更高、同时具备俯仰角分辨率的毫米波雷达，也就是 4D 成像毫米波雷达。传统的毫米波雷达具有同时探测距离、水平角度及速度三个参数的能力，在增加高度信息后便被称为 4D 成像毫米波雷达。而 4D 成像毫米波雷达同时还追求更高的分辨率，保证能够区分目标是机动车、非机动车还是行人等。目前华为公司、德国大陆公司都已发布了 4D 成像毫米波雷达。

（4）毫米波雷达安装位置 毫米波雷达安装在保险杠侧角、中网格栅内、保险杠牌照架下侧位置（图 5-48 和图 5-49），有些集成在车灯内，有的把毫米波雷达做成车标形式安装在车标位置（毫米波雷达车标），可以有多种位置布局，随着智能网联汽车的自动驾驶级别的提高，雷达的数量增多，未来如翼子板区域、车门、B 柱板侧等都有可能布局毫米波雷达或者激光雷达等感知传感器。

图 5-48 毫米波雷达位置（红旗）

图 5-49 毫米波雷达位置（领克）

目前市场上常见的一般是安装在保险杠侧角和保险杠牌照架下侧位置（如图 5-50 所示，拆下前保险杠总成便可拆卸前向毫米波雷达）。如图 5-51 所示，是某智能网联汽车毫米波雷达系统安装在前后保险杠的四个侧角位置，用于前 / 后侧来车预警及辅助等系统功能。

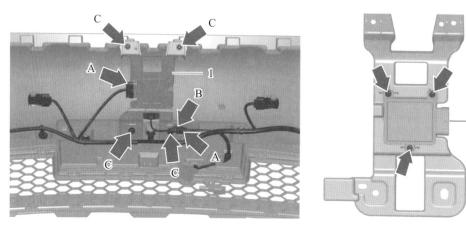

图 5-50　前向毫米波雷达

1—保险杠牌照架；A—插头；B—卡扣；C—螺栓

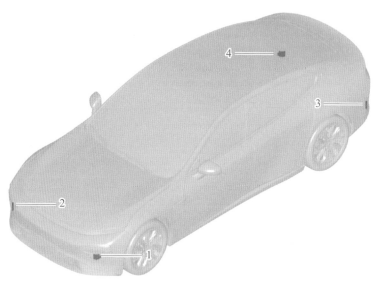

图 5-51　毫米波雷达安装位置

1～4—毫米波雷达

（5）监测预警　以盲区监测预警系统（BSD）为例，当驾驶员有转向倾向（如拨动转向灯开关或转动方向盘）时，如果转向侧的外后视镜盲区内存在目标物，或者转向侧的后方探测到有快速接近的目标物时，对应侧后视镜上盲区监测指示灯闪烁提示报警，避免危险发生。就如图 5-51 所示的毫米波雷达而言，BSD 系统能够探测到的目标物包括小汽车、卡车以及长度大于 2m、宽度大于 0.7m 的摩托车等。

（6）报警条件　当驾驶员有转向倾向且以下任意条件满足时，BSD 功能会向驾驶员发出预警。

❶ 转向侧的外后视镜盲区内存在目标物，且目标物运动的时间超过 300ms；目标物速度比本车快，目标物从后方接近本车，相对速度≤ 4.0m/s，TTC ≤标定值。

❷ 转向侧的外后视镜盲区内存在目标物，且目标物运动的时间超过 300ms；目标物速度比本车慢，本车从前方超过目标物，相对速度≤ 4.0m/s，TTC ≤标定值。

❸ 转向侧的后方快速接近车辆的最大探测范围内存在目标物，且目标物运动的时间超过 300ms；目标物速度比本车快，目标物从后方接近本车，且目标物与本车的相对距离小于表 5-3 中的阈值。

表 5-3　后方快速接近目标物与本车的相对距离的 BSD 报警阈值

后方快速接近的车辆与本车的相对速度 /（m/s）	BSD 报警 TTC 阈值
10	2.5
15	3.0
20	3.5

　　当以上条件均不满足时，BSD 系统会在 1s 内解除报警。

（7）控制原理　指受 BSD 监测的整个区域，系统的覆盖区由特定区域子集组成的 BSD 软件集成在左 / 右后向毫米波雷达中。BSD 通过左 / 右后向毫米波雷达探测本车侧后方的车辆。左 / 右后向毫米波雷达通过 CCAN 接收 ESP、EPS、VCU、BCM 发出的信号，通过 SCAN2 接收 SCU 转发的信号，SCU 通过 BCA 接收 CDU 发出的信号；通过 SCAN2 发送信号给 SCU，SCU 通过 BCAN 转给 CDU。毫米波雷达电气控制原理见图 5-52。

（8）毫米波雷达可能的故障

❶ 雷达失明不能探测目标故障。

雷达失明不能探测目标故障，依次按以下排序检查故障点。

a. 检查毫米波雷达是否被污物覆盖，是否被遮挡。

b. 检查低压电池电压是正常。

231

c. 检查线束和接插件。

d. 检查 CAN 总线状态。

e. 检查网关。

f. 更换毫米波雷达。

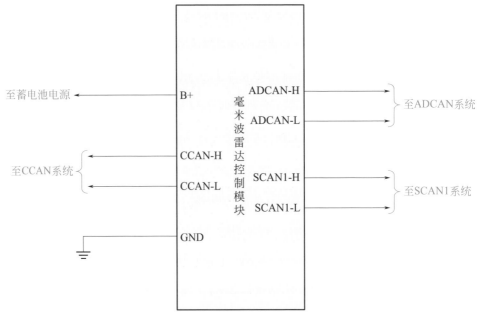

图 5-52　毫米波雷达电气控制原理

❷ 硬件错误故障。对于硬件错误故障，首先重新上低压电来重启雷达，如果故障仍然未解决，一般情况下是毫米波雷达本身内部故障，需更换毫米波雷达。

❸ 标定和匹配故障。如果显示"下线标定从未做"或"下线标定没有完成"以及"雷达位置不匹配"的故障，一般需要启动车辆，使用故障诊断仪执行故障诊断，根据诊断仪提示进行雷达标定程序来解决。

维修提示

　　在开始校准前，确保车辆横摆角传感器、方向盘转角传感器、轮速传感器标定状态正常，车辆无雷达校准相关信息外的其他故障码。确保雷达及覆盖件或保险杠正确安装，检查车况，如油液、胎压、座椅等，保证在公共道路上驾驶的安全性。

毫米波雷达标定程序如下。

a. 将诊断仪设备连接到车辆 OBD 的诊断口。

b. 进入诊断仪主界面。

c. 选择一个有效的 VCI 并点击右下角的"确认"按钮。

d. 选择自动识别 VIN 码进入下一步。

e. 点击"车辆标定",进入车辆标定主界面。

f. 点击"SRR_FL 标定 /SRR_FR 标定 /SRR_RL 标定 /SRR_RR 标定",进入下一步(以左前角毫米波雷达为例)。

g. 根据诊断仪的提示按照动态驾驶校准的驾驶条件的要求进行驾驶,直到校准进度条达到 100%。

　　一般情况下,校准进度条应在 5min 以内达到 100%,具体取决于道路条件和反射目标数量。

h. 如果单次动态驾驶校准超过 30min 仍未校准成功,请检查校准环境、驾驶行为、安装位置等是否正确遵照了相关要求,确认无误后重复上述步骤。

i. 如果行驶一段时间后诊断仪显示雷达偏置角度过大,请检查雷达的安装位置、环境并进行相应调整,确认无误后重复上述步骤。

校准的误差:雷达安装误差为 ±3°,误差包括水平方向和垂直方向。雷达动态校准的误差包括测量误差和雷达的安装、保险杠的安装等造成的误差。

参考文献

［1］ 周晓飞，顾惠烽．汽车维修快速入门一本通 [M]．北京：化学工业出版社，
2022.

［2］ 人力资源和社会保障部，交通运输部．国家职业技能标准：汽车维修工（2018
年版）[S]．北京：中国劳动和社会保障出版社，2019.

［3］ 郭建英，欧计均．电动汽车故障 识别·检测·拆装·诊断·排除 [M]．北京：
化学工业出版社，2022.

［4］ 姚科业，顾惠烽．汽车传感器从入门到精通 [M]．北京：化学工业出版社，
2021.

［5］ 曹晶．汽车车身电路（第二册）：照明及信号灯·雨刮清洗·驻车辅助·电子
手刹 [M]．北京：化学工业出版社，2022.